大是文化

最壞的結局不過是大器晚成

「比進度」是人生的最大錯誤。
努力後，屬於你的，都會準時到達，
只是每個人的準時不一樣。

等了八年才嘗到暢銷滋味的作家、暖心男神
王宇昆——著

第一章

CONTENTS

第二章

世俗的世界裡，你要成為自帶背光的人

第五章

溫柔的告別，才是最美的結局

推薦序一

最大的困境，是失去動力追尋理想中的自己

IG療癒系作家、《你想在凌晨三點聽見誰的晚安》作者／3am.talk

有些人的滄桑是在狂風暴雨中歷練出來的，突如其來的命運，改變他們原本的航線，唯有咬緊牙關、靠著堅強的求生意志，才能一步一步走到今天。跟那些人不同的是，從作者的文字中，我覺得他應該是從沙漠裡走出來的，腳步雖然緩慢，但每一步卻是無比沉穩。

在他的沙漠裡，身體得不到水分的滋養只是一種假象，真正把我們困在絕境裡的，不是命運的殘酷、不是不願伸出援手的路人甲、乙、丙，而是失去動力追尋理

想的自己。因為心中的理想是荒蕪中的泉源，也是防止我們原地踏步的指南針，唯有朝著它的方向一點一點靠近，才能走出這片看似無盡的牢籠。像書中這句話一樣：「如果連勇敢嘗試的第一步都不敢踏出，上天送禮時肯定也會吝嗇。」

沒有人敢說自己打從出生就是成功的，但有很多人看著別人擁有成就，就以為這些人都是僥倖被上天呵護的幸運兒。殊不知，那些談笑風生背後，盡是不為人知的辛酸。我看著作者筆下的嘴硬小姐、要強小姐、晚睡小姐……在每一篇故事中，我似乎都能找到某一個自己的縮影。

在接到替本書寫推薦序的邀請時，看完書籍資料之後，我猶豫許久。也許是擔心自己的負能量會汙染作者身上那份溫暖，又或者是心虛，畢竟同樣作為二十幾歲的青年人，他對夢想的那份堅毅，實在讓人自覺慚愧。

網路作家出身的我，透過共情把大家的心事寫出來，早已成為日常。但當自己的心事被別人不經意說中時，往往會有一種無地自容的感覺。因為在成年人的世界裡，我害怕自己的軟弱成為別人手中的把柄，彷彿不夠堅強，便會在這個汰弱留強的社會裡輸得一敗塗地，還得承受觀眾的嘲笑。

但當我看完這本書，竟然得到一種出乎意料的安寧，那些被我埋在成就下的軟弱終於如釋重負。作者的文字有一種魔力……不，與其說是魔力，不如說像一種祝福，因為他不會替你撫平那些尚未癒合的傷口，卻會讓你重新找回撫平自己傷口的力量。所以一向會選擇逃之夭夭的我，這次下定決心，要跑贏這場跟自己的競賽。

夢想既可以是一場計畫已久的旅行，也可以是一場說走就走的冒險。既然大器晚成是生命給我們的一道護身符，為何不趁著年輕，當一位拯救自己的英雄？

希望這本書同樣能讓迷失的你重新找到方向和勇氣。

推薦序二

等待的人，都有一顆敏感的心

作家／密絲飄

有一齣很有名的荒謬劇叫《等待果陀》（*En attendant Godot*）。劇情不複雜，就是兩個人在等待一個叫果陀的人，等呀等的，果陀一直沒來，等待的過程無聊又痛苦。兩個人既想走、又走不了，既想死、又沒有勇氣。

後人解讀這齣戲劇，有人說果陀意指上帝，也有人說果陀是救世主，總之，整齣戲演示的，是一種等待的未知和痛苦。

等著沒把握，不等又怕錯過，就像等待成功一樣。

張愛玲有句名言是這麼說的：「出名要趁早。」因為少年得志就是爽。就像古時科舉，二十歲高中進士，是春風得意馬蹄疾、是繁花似錦的痛快。可若是六十歲才中進士，痛哭流涕之時，更多的是悲愴。

那種悲愴，與其說是得償宿願，更像是一種沉冤得雪。人在等待的煎熬中是會忘記自己初心的，一開始，出人頭地可能不是我們的目的，我們僅僅是想對得起自己而已。

可是當你看著那些不如你的人飛黃騰達、看著那些落後你的人趕超上來，就像是走在路上，看見其他人都在奔跑，你也不由自主的跟著跑起來，然後氣喘吁吁、上氣不接下氣，到這種程度時，「贏」成為最顯著的目標，如果輸了，豈不是白白流汗？

可是最壞的結果，不過是大器晚成而已。

這本書的每一則故事，就像是在提醒奮力奔跑的人，也別忘記欣賞沿途風景一樣。等待可以是痛苦的，但也可以是砥礪心志的過程，彷彿揉麵似的，一顆心被敲打揉捏，然後時窮節乃見。

比如，看見身邊的人一波一波的成功了，是嫉妒還是從中學習？看見早早就出名的人沒落了，是幸災樂禍還是從中汲取教訓？同樣是等待，有的人度秒如年，也有些人懂得排遣。

等待的人，都有一顆敏感的心，看見別人的遭遇，最終都會回想到自身狀況，而我們，便能從中得到一點什麼，撫慰焦急的心。

第一章

在命運為你安排的時區裡，一切都會準時到達

生命就是等待正確的行動時機，
所以，放鬆點，
你並沒有落後於人，
你也沒有超越於眾。
在命運為你安排的屬於你自己的時區裡，
一切都會準時到達。

1. 陷入平凡前，拚一次「偉大」的機會

我第一次看見夏姐喝醉，大概是在記錄最後一聲蟬鳴的半夜。凌晨一點的廈門很寧靜，只聽見酒醉的人咭噔咯噔踩著柏油路的聲音。這一夜之後的下午兩點，這個聽了好幾年ＢＢＣ廣播的女人，終於要飛去英國。

二〇一五年，我在公司上班的第二週，夏姐調到我們部門，座位就在我前面。以愛好加班揚名整個辦公室的她，每天身穿黑色制服，中午吃著自己帶的便當，簡報從不下載網路上的模板，對老闆唯命是從，對薪資也會精算。

對她的第一印象，是她身上總帶著淳樸女大學生的勁兒。實際上，她在這家小公司工作已經快邁入第四年。

工作與生活井水不犯河水，嚴格貫徹這項原則的我，在雅思補習班裡看到別著Hello Kitty 髮夾的她，還是忍不住上前打招呼。記得那刻的她，像是被發現什麼似

的，邊尷尬的笑著，邊摘下耳機。BBC廣播的App就躺在她的手機螢幕上。

「你千萬別跟同事說我在這裡上課，很丟人的。」沒上妝的她再三提醒我，我說妳怕什麼，她說：「你小孩子不懂啦！問那麼多。」其實我也不想知道，於是我遞給她一塊巧克力，就回到自己的教室。

這整層樓擁擠、潮溼，不時還能聞到腳臭味。每間教室沉悶、乏味，裡頭全是想要出國的人。

我在這裡遇見夏姐後的每一天，像她這樣一個大齡女子，顯得格格不入。

有次下雨，夏姐沒帶傘，下課的時候我正好碰見她，就把傘借她，和她一起去搭公車。她垂喪著臉，與做簡報時胸有成竹的表情截然不同。

「我雅思又沒過……。」

我安慰她：「沒關係，還可以再試一次嘛。」

「可是都四年了，感覺真的要放棄了……。」

後來我才知道，她大學畢業那年想要出國讀書，但因為沒錢，英文又不夠好，所以只能擱淺這個夢想，進入社會。

說實話，如果不是在這裡遇見她，我不會想到工作之餘的她，竟還有著追夢少女的煩惱。

夏姐的確挺節省，工作像老黃牛，有時候業務沒做好被扣獎金，中午就偷偷在茶水間吃泡麵。但沒人知道她為什麼這樣，反倒覺得她是個奇怪的人。

「要是好好練習一下口說，上次的成績就不會被口說拉低分數了。」那次考試結束，夏姐一直在叨念這句話。

考試報名費很貴，一次就要花掉她半個月的薪水；留學英國的費用也不便宜，她每個月必須從薪資裡再掏出一大半來當學費。畢業以來，已經不再向家裡拿一毛錢的她，真不知道是怎麼熬過來的。但每次看她吃個便當，斤斤計較又漲價的時候，總會感覺到她身後有光芒。

為什麼一定要出國呢？我問她的時候，好像也是在問我自己。她說因為想去看看外面的世界。「你說我一個來自農村的女孩，好不容易脫離那個小農村，才知道，原來這個世界這麼大、這麼美好。記得大四畢業那年，學院裡有出國讀研究所的名額，那時我的成績排在第一，但有什麼用？我連在國外最基本的生活費都付不起。後來那唯一的名額，就給第二名。」

夏姐的食指在手機螢幕上滑來滑去，狹小的螢幕被各式各樣的英文學習軟體占據。「後來畢業的時候，看到出國的那個女生在微博上發的照片，是真的很羨慕，所以就想著，無論如何一定要靠自己努力，彌補這個遺憾。」她的手指突然停了下來，手機發出震動，傳來每日提醒——背單字的時間到了。

這樣的生活，或許每個想要出國的人或多或少都經歷過。為什麼想出國，這個問題也能得到無數種答案。但我想多數人一定也像夏姐一樣，心裡有著一個害怕如果不早點填滿，就再也填不滿的缺口。

「你想想，人生下半輩子的時間都要用來工作，如果現在不出去，或許將來就真的沒機會了。有人說出國是為了鍍金，對我來說，這是在和陷入平凡的命運做最後的抗爭。」夏姐接著說：「你會學著如何一個人面對自己的命運，學會在陌生的世界裡，發現許多可能。我們每個人都會踏入社會，然後找到一個棲身之地、一份能養活自己的工作。但我想在湧入茫茫人海之前，搞清楚自己到底想要什麼。」

這四年來，她一筆一筆累積到英國留學的學費，踉踉蹌蹌邊工作邊學英語，也把雅思考過了。後來，她終於收到劍橋大學的入學機會。

與其說是填補缺憾，不如說是尋找另一種可能。或許夏姐的光芒，就是源自於一份對於人生篤定的信念吧。

夏姐有一句名言：「凡是錢能解決的事，都是小事。」**你可以沒有錢，但你有時間；你也可以差強人意，但你要更努力**。後來想想，也的確是這樣。有時候生活中的一些事，我們之所以會覺得遺憾，不是因為錯過事情本身，而是因為錯過隨之而來的可能性。

2. 沒有傘的我們，要學著在暴雨中狂奔

我在大三下學期為了考雅思，報名一家補習班。補習班裡還有一個同學院的女生，那女生是出名的學霸，年年拿歷史系的第一、年年得國家給的獎學金。她來自農村，家庭相當貧困，當初上大學的錢都是用貸款借來的，上大學的所有生活和學業開支，都是靠自己的獎學金和打工賺來的錢。

在那個為期差不多兩個月的雅思培訓班裡，那個女生也一直延續自己的學霸風範，有時候整班同學都答不出來的問題，只有她會。有次作文測驗的難度很高，幾乎所有人都來不及在截止日前寫完，只有她一個人，第二天早上很工整的把所有的作文練習題都寫完。

但每次到口說課時，她卻像變了一個人，從來不敢主動發言。有時候老師抽到她回答問題，她也是支支吾吾、不願意張嘴的樣子。所有人都以為身為學霸的

她，無論在什麼場合，都能給出優秀到令人稱羨的答案，但這些時刻，卻往往和所想的相反。

上完那一期的雅思培訓班後，我們兩個報名同一場雅思，但我沒考到理想的分數，所以又連報兩場。有次見面，我問她考得怎麼樣，她跟我說不好。我很詫異，平時表現明明很出色的她，難道是這次失常嗎？不過，這畢竟是她自己的事，我就沒再過問。

我問她要不要再試一次，第一次確實容易因為緊張無法發揮實力，但她說自己不打算再考了，因為一場將近新臺幣八千元的報名費，相當於她兩、三個月的生活費。本身報名補習班的錢，就已經是自己一省再省所存下來的，物質的壓力早就壓得她喘不過氣。

她真的是一個很努力也很節省的人。記得當時週末去上課的時候，到了中午，班上的同學出去吃飯了，她一個人就坐在位子上吃一塊巧克力或是一片餅乾，不然就是吃早餐沒吃完的包子。

有一次我問她為什麼吃這麼少，她給的答案不是在減肥，不然就是自己不餓，可是當我看見她瘦弱的身材，還真有些不忍心。之後，當我中午出去吃飯，我都會帶一份漢堡或薯條給她。她會不好意思的婉拒，我就會跟她說，這就當我以後遇到不會的題目，需要向她求救的報酬。三番五次的推來推去，她這才收下。

漸漸的，我們變成好朋友，下課經常一起搭公車。每次搭車的時候，就算有很多空位，她還是會選擇站著。我問她為什麼不找位子坐，她說想讓頸椎放鬆一下，因為每天在書桌前都坐很久。

後來我聽說，她每天晚上都看書看到很晚才睡，第二天一早又會很早起讀書，有一陣子需要幫老師處理公務，她甚至連續一個星期都沒睡。

我常常勸她要適當的放鬆一下，她總是回我一個淡淡的微笑。每次想到身邊有她這種努力又勤勉的人，內心也會增加很多前進的動力。

那一年過年，我們都沒回家。在學校吃完年夜飯後，兩個人相約去學校的活動中心看春節的過年節目。那天晚上，她很失落的跟我說她可能不會出國，我問她為什麼。她說，一方面是因為學校提供的留學生計畫變得更嚴格，沒辦法選這條路；另外一方面是因為如果要自費出國，她沒有足夠的經濟能力可以支撐昂貴的學費和生活費。

我至今還對她當時的神情印象深刻，那種不甘心，但又不得不放棄的失落，格外令人心酸。眼前這個不會化妝、頭髮油油的、臉色有些暗黃的女生，明明很優秀、很努力，卻因為沒有錢，只好放棄夢想。

那天晚上，我問她是第一年留在學校過年嗎？她搖搖頭，說她大一剛來廈門時，就很少回家，因為回家所需要的交通費也是一筆不小的花費。想家時，給父母打一通電話，聽聽他們的聲音，就覺得足夠了。

在她身上，我看到很多自嘆不如的地方。雖然現實的因素常常帶給她很大的壓力，但在她的臉上很少看到沮喪的表情，反而是很平淡、單純的微笑，那是她回饋世界的方式。

我常想，假如她出生在一個經濟條件稍微寬裕的家庭，會不會考到比現在更高的成績呢？或許會吧，但可能也不一定。有時候是環境造就每個人身上的可能性，但那珍貴的可能性也常因為環境而被埋沒。

好在上天還是送給她一個禮物，後來，我聽說她被學校直接保送到復旦去念研究所，面試的成績還是第一名。我真的打從心裡替她感到高興。

想起之前看到的一則新聞評論提到，隨著貧富差距擴大、教育成本的提高，越來越少的鄉下孩子可以靠著學習改變命運。優秀的大學裡，農村出身的學生比例也在下滑。雖然當時的數據已經忘記，也不知道是否正確，但如果這是趨勢，而且還會繼續延續下去，想想還真的是件令人難過的事。

就像我身邊那個連續報了十一次雅思考試，又在雅思補習班花掉好幾萬的富二代，他可能一輩子也無法理解，有個姑娘報一次考試就得花掉好幾個月生活費的心情吧。

我們每個人從降臨到這世上開始，就自動被設定不同的背景和起跑線。或許那些含著金湯匙出生的人，從一開始就有呼風喚雨的能力；也或許那些出身一般的人，從一開始就要學著在沒有傘的情況下，從狂風暴雨中狂奔。

不能否定的是，**努力和勤勉無法與生俱來，只有不停奔跑的人才配得上**，也只有他們在這一路上，能不停收穫。

有一次無意間聊天，那個女生告訴我為什麼在口說課一直不敢張口說話，她說是因為害怕自己的口說摻雜鄉音，引來別人的嘲笑。記得當時她的神態特別可愛，帶著些微的不好意思。

轉念一想，原來她也和無數個平凡的我們一樣，也會有害怕和感到不自信的時候，但有什麼不好呢？這不就是我們這個年紀都會有的模樣嗎？

3. 那些笑著哭過的人，後來都怎麼樣了

我曾經發過一條微博：「成長的代價，大概就是看到越來越多的人世苦酸、人情冷暖，然後一個人學會如何嚥下所有不甘。」發微博的那晚，我窩在北京一家客棧的房間裡，躲在被窩裡哭了很久。

我這個人很少流淚，眼淚往往都交給那些煽情的電影，就算遇到再多委屈，只要一個人找個角落待一會兒，便會平靜許多。所以我總自詡是個堅強的人，也常常成為朋友們感到沮喪時的寄託。但那次，就算我告訴自己無數次不准流淚，冷靜一下就好了，眼淚還是不爭氣的從眼眶裡跑出來。

為什麼會哭呢？

那天，我辛苦大半年的一次合作被自己搞砸了。半年前的我開始籌備這個項目，為了它到北京來來回回好幾趟，每次回來都弄得身心交瘁，可是為了讓對方簽

字，我把該忍的都忍了，該吃的苦也全都嚥下去了。無論對方又再提出多無理的要求，我都盡可能完成，因為只有我知道，如果能拿下這個合作對我來說有多重要。

九月初，我飛去北京，連續談了兩天，一直沒有明確的結果。在我深夜重新修改大綱和簡報後，第二天一大早，對方打了一通電話給我，告訴我他們公司決定先將這個項目擱置一段時間。

那天，我覺得很無助，想方設法再找對方開會，卻被對方以各種理由拒絕。直到第二天下午，我才從公司裡的一位同事那裡打聽到，那家公司的主管已經跟另一個作者簽下這個項目。即使對方的開價比我高，得到機會的卻不是我。

得知這個消息後，我一個人在附近的街道上，像個殭屍似的閒晃。連看到在路邊乞討的街友，都覺得比自己幸福。從路邊攤隨便買一份炒麵後，我就垂頭喪氣的回客棧。

關上房門的剎那，我像個被別人誤會的小孩，倒在床上不停抽噎。接著，聲音越來越大，眼淚像瀑布一般，一下子哭了出來。

沒人告訴我原因，就連那位跟我交情不錯的同事，在我問他原因的時候也是支支吾吾，像是有難言之隱。

那晚我躺在床上，睜著眼看著天花板，耳邊是車子在街上奔馳的引擎聲。過去那半年的努力，就像一疊紙瞬間被碎紙機化為烏有。孤獨、苦澀、無人傾訴，我像一個被全世界拋棄的孤兒。

父母晚上打電話來，問我在北京的合作談得如何，我佯裝喜悅的心情，回答還行吧，他們在電話那頭祝賀我，還囑咐要按時吃飯、早點休息。床頭的那碗炒麵已經涼了，麵身黏成一坨，我匆忙掛斷電話，把那碗麵混著淚一同吃下肚。

那年我十九歲，對外面的江湖充滿好奇心，覺得這個世界總會讓著年輕人，卻不知道原來走的每一步，根本就沒有退路。無論什麼樣的結果和未來，只能獨自一人陪著自己。

大哭一晚之後，第二天早早收拾行李，趕早班飛機回到學校。

飛機起飛前，我發了一封微信給那家公司的負責人，傳了一大堆客套話。當我打到「期待下次的合作機會」時，一股心酸掠過，但發完這句話的下一秒，我就把我們兩年半來的聊天紀錄全刪了。

告別每次受傷留下的疤痕，或許才是長大的標誌。

從此以後，我沒有再跟任何人提過這件事，也沒有在任何文章裡提到自己曾經崩潰的這段經歷。心牆會因為受傷，一點一點增厚，年少時的我們總會因為這種脆弱，誤以為自己被拋棄，而遍體鱗傷。後來學著故作堅強，無論遇到什麼事，都強迫自己要忍下來。

前陣子，在微博上看到一個日本年輕人拿著三明治，在地鐵中邊吃邊哭的畫面，那種酸酸的感覺，和幾年前我搭飛機敗北而歸時的滋味十分相似。雖然無從得知那位年輕人受什麼委屈，但我知道，那一刻他和曾經的我一樣，還是沒能堅持住「我要堅強」的信念。

每個在打拚的年輕人，或許都經歷過這種時刻吧。自以為可以堅強的忍下來，卻還是一個人在地鐵裡、公車上、租屋處偷偷擦眼淚。

不管有多傷心，隔天依然打扮整齊，假裝什麼事都沒發生過似的，日復一日搭著公車和地鐵，重返那個朝九晚五的自己。

曾收過一個讀者的留言，她說自己是一個工作五年的上班族，每天加班、拉業務，只為了每個月能多拿一點獎金，來替父親還債。她來自一個不幸福的家庭，母親在她三歲時就因為乳腺癌去世，父親嗜賭，欠了一屁股債，甚至還有高利貸，在她上高三那年因出車禍而過世。她一邊忍受著現實帶給她的痛苦，一邊努力學習，最後考上一所不錯的大學。

大學的學費是她用貸款付的。從大一開始，她每天像個陀螺，上完課後還得去打工，靠著微薄的力量還貸款。

她說自己從來沒有談過戀愛，也不敢談戀愛。她的時間全都留給「生存」，但生存卻沒有留給她享受生活的時間。

畢業之後，即使獲得學校保送讀研究所的機會，她也沒有再繼續進修，而是選擇步入社會，開始工作。從最底層，一步一步走到今天。

她在結尾寫了一段話，說她之所以會把這些事說出來，是因為那天她正好還完貸款，感覺全身上下的神經都放鬆下來。

讀完她的留言，我能感受到自己的心情像是坐著雲霄飛車，從陷入低谷到越過高地，仍然勇往直前。

我打從心底替她感到高興，換句話說，她的這則留言帶給我的希望，遠遠勝過喜悅。這或許是年輕人回饋世界的方式，無論上天賜予我們多少困難與不甘，哪怕痛到最後一根肋骨也無力承擔，還是會堅持下來，以積極的態度面對。

江湖險惡，我們時常無法在每一個問號後面，找到明確的答案。

為什麼最後得利的是他不是我？

為什麼一開始辛苦的是我不是他？

殊不知，上天在拋下每個問號的同時，也都在它身後標好價碼。我們走的每一步，無論好或壞，都有它存在的意義。

只有走到終點的人，才擁有笑看過往的權力。也只有笑著哭過的人，才有底氣去擁抱更好的。這是成長的代價，也是長大的必修課。因為只有長大，才會領悟，原來那個曾經哭過的自己，並不丟人；那個哭過後，還笑著爬起身的自己，才是最堅強的人。

4. 我以為十八歲那年，我能一炮而紅

這幾天在看一個外國的選秀節目，這個節目和以往選秀節目的模式不太一樣。並不是從上萬名素人中挑選出明日之星，而是從已經在各大經紀公司培訓許多年的一百零一位練習生中，精挑細選十一名優秀的選手，組成一個團體並出道。

出道對於所有練習生來說，是苦苦訓練許多年的理想，也是每個人的夢想。其中，有的人訓練長達七、八年，每天放學就立刻跑去經紀公司訓練，這樣的生活充斥他們所有人的青春。

「出道，意味著能站在嚮往的舞臺上，而不再是那狹窄的練習室。」

「出道，表示離自己的夢想又更近一步。」

然而，就在大家以為出道等於成功的時候，節目組在第一期就賞了所有人一個耳光——出道並不代表成功。

在第一期，這一百零一名選手中，有四名選手對其他人來說是相當特殊的存在，因為他們已經是出道五年的團體。

照理來講，已經成功出道的選手或團體，是不能參加比賽的。因為這個比賽是為了甄選新人，有豐富的出道經驗和舞臺歷練的參賽者，反而會對其他選手不公平。但節目組還是允許他們參賽，因為就算他們已經出道五年，仍然沒有名氣。而且隨著人氣越來越低，團體的盈利也急速下降，面臨著解散的危機。

剔除掉節目組為了營造節目效果的可能性，我想，他們能重新參加這樣的比賽，更多是因為那顆堅守夢想的心。

第一期節目的一開始，所有選手要選擇一個自己嚮往的名次，然後在相對應的名次所標識的座位中入座。當那四位「老人」進入比賽現場，看到一群人就坐在自己面前的時候，我看見他們四個當中，有幾個人的眼神有些黯淡。為什麼呢？因為當一個已經出道五年的前輩，看著眼前全是年輕的後輩，而且接下來要和他們為了那十一人的團體門票廝殺時，心裡應該是既悲傷又無奈吧。

選完座位，緊接著是進行多元實力的考驗。當四個人站到所有評審面前時，有一個評審哽咽了。因為這個評審和這四位選手出自同一個經紀公司，而且和其中一名選手是同期進公司的。

說實話，如果我是那四個人中的其中一個，我可能真的會在心裡咒罵。憑什麼阿？我那麼努力練習，好不容易出道，最後卻淪落到要和新人競爭，還要讓當初跟自己一起培訓練習的同事評分。但舞臺上的那四個人，還是把準備的表演敬業的表演完了。

我想，那短暫的幾分鐘，對他們而言，可能比過去的五年時光還要漫長。但遺憾的是，當他們表演結束，卻拿到比許多新人還低的分數。

幕後採訪時，其中一名選手忍不住哭了出來，他說：「曾以為出道就能平步青雲，沒想到出道後卻發現並不是這樣。」老實說，當我聽到他說這句話，我彷彿在那個小小的螢幕看到自己。

曾費盡千辛萬苦，終於到達彼岸，上岸後才發現，這不過是漫漫長路中的其中一個驛站。

記得我寫第一本書時，當時才十七歲，那部作品在很多家出版社打轉，收到無數次的婉拒，理由五花八門。

「抱歉，我們現在不收新人的作品。」

「如果你的人氣能再高一點，我們的主管才有可能同意幫你出書。」

「你試著照那個誰的風格寫，那才是目前最受市場和讀者歡迎的風格。」

很多時候，漫長的等待，只換來對方一、兩句敷衍的答案。而我又是一個特別玻璃心的人，受不了被人拒絕的苦澀，可是又覺得心有不甘，於是每一次失敗，就意味著要從頭開始修改。

對小說執著的人，往往苛求故事的完美。在那段漫長的蟄伏期，那部小說被我推翻好幾次，也重寫好多遍。

一個字一個字打上去的速度，遠不如按刪除鍵的速度。看著螢幕上那些好不容易形成的一個段落瞬間被清空，我常常會想，做這些事的意義是什麼？吃力不討好的事情，我為什麼還要傻傻的堅持下去？或許就是因為心中的那點偏執吧，就像節目裡那四位選手一樣，對夢想的執著，可能讓我們受了很多苦，但還是走過來了。

後來，陰差陽錯遇到饒雪漫[1]老師創立的圖書公司，那部作品幸運的受到雪漫文化的賞識，得以成功出版的同時，我還被公司簽下，成為一名簽約作者。

十七歲，對得到的新事物都充滿希望，也總幻想自己可以飛快的達成夢想、一步登天。

說來可笑，那時我真的懷抱著「出了書就可以爆紅，到時候我就成功了」的幼稚信念。然而，接下來的發展，就如同節目裡那四位老選手的情節。

十八歲，我出了書、參加一些活動，但沒有濺起任何水花。在我看來，這本書的誕生和它所能帶給我的東西，並沒有像我當初所想的轟轟烈烈，反而更像是飄入汪洋的一片落葉，很快就被接踵而至的浪潮吞噬。這樣講，或許會顯得太功利主義，但那時的我們，儘管有著不同的興趣和目標，但誰又是一個不渴望靠近夢想的人呢？

我見過太多靈魂，因為打著「不忘初心」的幌子，活得越來越庸碌；因為相信

1　中國當代作家、編劇，因其文學作品語言優美、故事動人、風格多變，作品主要涉及三大主題「青春愛情系列」、「青春療傷系列」、「青春疼痛系列」，被譽為「青春文學掌門人」。

「方得始終」的邪，而甘於平凡。

後來，那本書因為達到的效果一般，公司甚至沒有打算再幫我出第二本，他們曾分享給我的計畫，沒有人再提起。就這樣，我們和平解約。那段時間，我彷彿獲得真正的成長，意識到原來我曾想過的終點，不過是下一段旅程的起點。

接下來幾年，我雖然繼續在創作，但作品始終沒有任何動靜。那幾年，看著之前同公司的作者，一個個在短期內獲得很多人的關注，我又開始陷入自責和懷疑的境地。

那個節目裡，有一位也是出道很多年的選手，說自己曾經想過要放棄，去找一個平凡的工作，做一個普通的年輕人，不再忍受別人的嘲笑，不再被說是一個失敗者，但他發現那樣的自己，會失去活下去的動力。

過去，我也像他一樣想過要放棄，想著為什麼不能像一般的大學生，談一場美好的戀愛，享受大學輕鬆的光陰？但是我發現沒辦法，因為我不願意在還沒到達終點的時候折返。上天已經賜予的幸運，我不能隨意捨棄。

曾經有一位讀者留言給我，她說很羨慕我，因為我喜歡的事情剛好也是我擅長的。那句話點醒了我，一個人熱愛的、充滿興趣的事物，如果恰好是他擅長的東西，便是莫大的財富，怎麼捨得拋棄呢？

一年有幾十個團體出道，一年有幾千次失敗和被拒絕，但仍舊有幾萬個、幾千萬個、幾億個人默默堅持下來。對他們而言，接下來或許仍會是一段黯淡無光的日子，倘若堅守會擁有希望，那多一秒的等候，也就等於有多一秒的機會能換來一點點的曙光。

那個節目的最後，有一個也是出道很多年，因為怪異的表演風格受到大眾嘲諷的選手來參加這場比賽。他在後臺接受採訪時，採訪者問他為什麼這麼多年了還堅持著，他說：「既然人生中最喜歡的事已經啟程，就想說無論如何也得堅持到底試一次吧。」

看到那幕，我有點鼻酸，心裡卻很欣慰。

5. 世界上有這麼多的二十歲

十七歲那年有家雜誌採訪過我，那時我剛升大一，在同齡層中算有點小名氣。那次採訪，編輯問了我一個問題。她說，你有沒有幻想過自己的二十歲長怎樣？這是多麼美好的話題，不用使勁拚命想，就能立刻聯想到很完美的畫面。我說我的二十歲，大概會談一場平淡的戀愛，邊讀大學邊寫書，每天的生活都像詩詞般愜意。我幾乎把心目中對這個年紀的理想狀態全描繪出來了，理所當然的想著，我二十歲就該是這個樣子。

接下來，十八、十九歲過得飛快。那兩年，我像是從牢籠裡放出來的野獸，整天不讀書，滿腦子想著要去哪裡玩、要做什麼驚天動地的事。那時，總覺得時間怎麼用都用不完，也不知道天高地厚，就憑著一腔傻勁獨自往前衝。現在想起來，好像有完成一些事，而有些在現在看來，既幼稚又愚蠢。

十幾歲的年紀，還可以小心翼翼的遮蓋野心，想著慢慢來、不要緊。當歲數逐漸增加，那些埋藏已久的東西，總會自動跳出來，占據人心。

我常被人問到，為什麼沒看你談戀愛。我大多笑笑帶過，可是捫心自問，我大概就是一個愛自己勝過愛別人的人吧。或許這也是一種自私，沒有給住在自己身體裡的那個人，一個擁抱愛情的機會。

那兩年，拚命寫書、工作，經常要坐紅眼班機[2]去陌生的城市參加活動，或是去談合作簽合約。記得有次去南京，行程緊到連好好看那座城市一眼的機會都沒有，活動結束就要馬上飛回廈門上課。

十幾歲的時候接觸很多不一樣的世界，也承受過一些白眼、冷嘲熱諷，所以總是不斷強迫自己要忍耐。

滿二十歲不久，我一個人跑去北京談合作，和對方鬧得有點不愉快，在回程的

2　在深夜至凌晨時段運行，並於翌日清晨至早上抵達目的地，飛航時間少於正常睡眠需求（八小時）的航班。

飛機上，我整個人垂頭喪氣，覺得憑什麼自己要受那麼大的委屈。那天飛機在廈門降落的時候是中午，下午接著有一門課要做簡報，我還記得自己是怎麼火速趕回去，然後在講臺上微笑著完成報告。

這些事情，從來沒有地方可以傾訴，父母也不清楚我到底在忙什麼，每次都是安慰我一句「別太累了」。

母親總說我志氣太高，而我爸的願望就是希望我能當老師，安穩的過日子就好。雖然他們也曾鬆口說：「無所謂了，做你自己喜歡的就好。」可是每當過年回家，我媽還是會問我，要不要去考個公務員，你爸有同學是公務員，可以讓他想辦法把你帶進去，這可是國家的鐵飯碗。其實我也可以理解，我所從事的工作，很難讓他們放心。

我看過很多讀者的提問，像是作家可以當職業嗎？能養活自己嗎？我的回答往往是「只要你夠努力就行」。很多人聽到這樣的答案之後，會立刻鬥志昂揚的提筆猛寫，但其實，這個答案大多是因為不想抹滅掉那些喜歡創作的熱情而說出口的。

我知道這很殘忍，可是這世界每一句溫柔的安慰，起因不都是殘忍的現實嗎？

有時候路過中山路的新華書店[3]都會上樓看一眼，趁著店員不注意，偷偷把自己的書擺到稍微顯眼的位置。朋友說，你也太辛酸了吧。我說，或許吧。每次一進書店，看到那些被擺在最前面、最顯眼的暢銷書，心裡面都會羨慕又失落。我也曾試著跟出版社說，希望我的書可以在行銷上投入更多資源，然而得來的答案往往都是「沒辦法」之類的婉拒。

「宇昆，公司這邊開會討論過，其實你的內容和文筆都很棒，只是現在的人氣……等到你的粉絲達到××萬，我們就會答應你，所以你要繼續努力。」這應該是我聽過最諷刺的一句話，可是在這個以人氣和粉絲來量化的時代，一切又是那麼合情合理。

那刻，我告訴自己要慢慢來，該來的總是會來。但我也知道，這只是一句安慰而已。身邊有很多的作者朋友，鬱鬱不得志的、一年內迅速爆紅的，各種你意想不到的人生軌跡，應有盡有。那些不忘初心、慢慢來別著急式的安慰，很溫暖，但多

3　中國最大的國有連鎖書店品牌。

數時刻，它真的只是一句安慰，用來原諒那些不被寵幸的靈魂。

二十歲這一年，出版的大多是之前的舊作，幾乎沒有重新寫完一部完整的作品，因為多數時間都在準備出國留學。

記得大一的時候，還對貼滿布告欄的留學代辦、托福和雅思的訓練班不屑一顧，沒想到當我到了大四，竟然也要把這些都經歷一遍。塵埃尚未落定的日子裡總是焦躁不安，失眠是常有的事，擔心自己如果拿不到錄取資格該怎麼辦，也沒有準備考研究所、找工作的打算……。

當這些瑣碎的問題一個個堆砌起來，那段時間的自己活得比高三還累。年輕時，每個人的目標都那麼相似，可是長大後，你發現他們都跟你不同，每個人有每個人的打算。一種彷彿離群的錯覺，讓人迷茫、惶恐。

等錄取結果那陣子，家裡發生一件我從沒想過的事。原本和睦相處幾十年的父母突然說要離婚，原因是父親出軌。我在小說裡寫過無數種移情別戀的方式，卻未曾想過在自己筆下的情節，會出現在自己平凡的家庭中。

過年那段時間，我整日為父母的事頭疼，年也過得索然無味，看著即將要破碎的家，心裡感到無助又厭惡。也因為這件事，感覺到命運有稜有角的戳到你的肋骨，然後等待你自己穿上鎧甲。

後來父親認錯，母親選擇原諒，但我知道這裂痕非一朝一夕能癒合。我只能許願，希望他們能繼續走下去。

你看，這就是我的二十歲，它和我在多年前想像的完全不同。我的生活沒有平靜到毫無漣漪，反而是掀起大風大浪；我也沒有找到一個可以陪伴的人，反而因為孤獨產生很多懷疑自己的時刻。

還好，在這二十歲快要結束的時刻，一切又平靜的回到原點。之前有些坎坷的合作結束、我得到心儀學校的錄取通知，而父母的婚姻也選擇走下去。

在這不多不少，恰恰剛好一年的時光裡，歲月教會我很多人生哲理。這大概也是成長該有的面目，一步步告別急切的慾望，催促人們去經歷、忍耐、努力。

那天路過演武小學[4]的時候，正好趕上孩子們放學，看著他們小心翼翼拿著零

4　位於中國福建省廈門市的小學。

用錢買路邊的零食，三三兩兩嬉笑打鬧著過馬路，肩膀上的書包歪歪斜斜，臉蛋也紅通通。突然有那麼一瞬間，很想回到同樣的時光。不用管成人世界裡的利益、不用困惑自己的未來，也不用煩惱是否已經成為理想中的大人。只需要吃一包學校旁邊賣的零食，就可以與這個世界握手言和。

後來，十七歲時做的那篇專訪無緣釋出，因為那家雜誌倒了，恰好在採訪我的那期之前倒的。應該就是從那時候，冥冥之中暗示著，生活從來不會按照原定計畫前進。但這樣也挺好的，就是因為這份未知，所以才努力長大、生活、學著做一個大人。

世界上有那麼多的二十歲，而只屬於我的二十歲，再見啦！

6. 迷茫時，要選那條難走的路

那天跟一個朋友聊天，他是個內容創作者，也是個網紅。年紀跟我差不多，也剛好都是大四畢業生。

我問他未來怎麼打算，他說不想繼續往上念了。他反問我，我說我要去國外進修碩士。聽完我的答案，他很驚訝，說我怎麼就做了這麼一個選擇。

他說，這幾年正好是中國內容創業的精華期，各大新媒體平臺都處在旺盛的成長期。自己的平臺和工作室好不容易像樣一點，正在發展時期，自己不能再念書了，因為學校與工作交織在一起，只會降低他的生產力。

按照他所說的，畢業這兩年對他來說，是最關鍵的兩年。

其實我也算是個內容創業者，在做著這個年頭無數人都在為之奮鬥的新媒體行業。我也很清楚這幾年的離開，到一個陌生的語言和國度求學，對自己正在鑽研的事業來說，不是一件能直接發揮作用的事，它甚至還會讓我分心，無暇顧及工作。

「你說你到了那裡，人生地不熟，熟悉語言需要時間，國外畢業的條件這麼嚴格，課業壓力又那麼大，做什麼都會比在國內付出更多精力。如果你現在就這麼離開，你的工作誰來幫你？你有好好想過你的事業嗎？現在一九九〇年代出生的人，都到了要結婚的年紀了，你沒有那麼多時間可以浪費。」他對我諄諄教誨時的語氣和神態我記得很清楚，跟一位我特別信任的老師很像。當然，這位朋友也的確是我的老師，在經營這份小小的事業時，他給過我無數的建議和幫助。

但我還是相信我的選擇。我跟他說你別勸了，我心意已定，定了就不會再改。就算事情真的照你說的，因為這遙遠的距離而開始力不從心，我也認了，因為這就是我的決定，由我自己承擔。

他說我這個人太固執，我笑笑跟他乾了杯酒。時間正好是晚上九點，我按照慣例登入微博，發布當天的文章。這是很簡單、尋常的舉動，在那一刻我卻沒有把握，因為我知道眼前看見的是未知，腳下踩著的是迷茫。可是，那又怎樣呢？

出國前輔導員來宿舍一趟，跟我聊聊未來規畫。他打趣的說，既然都要出國去了，就再加把勁讀個博士吧。我連忙搖搖頭，說別了別了，要是能拿到碩士文憑，就謝天謝地了。

國外讀書難、畢業難、生活難，一個人在外太艱辛、太孤單諸如此類的話題，已經被無數人提醒過，甚至到有點麻木的地步。雖然表面上我很有自信，表現得無所畏懼，但其實也只有自己知道，我腦袋是一片空白。

輔導員那天跟我說了一句話，特別有道理。他說，人生的每一次選擇都分好壞，好的選擇是為自己找到更多選擇，而壞的選擇是把自己所有的選擇都一條條堵死。既然選擇了，就有你的道理，而我們相信你。父母也是這樣的反應，是一種打氣，但同時也警惕自己，一定要證明我的選擇是對的給他們看。

出國深造到底好在哪呢？網路上有五花八門的答案。每當我困惑時，就會隨意翻翻。瀏覽一遍，發現大部分的人選擇出國，除了像增廣見聞這類理由，最常見的原因，就是想為自己的人生增添另一種可能性。這也是我的動機。

之前在臺灣當交換學生，上商科課程的時候，老師介紹一家臺灣企業成功的經驗。在一條你走了很長一段時間都沒成功的路上，不要輕言放棄，但也不能就局限在那條路上。放開眼界，去選擇一條不是那麼安全、不是那麼容易的路，或許你會發現，為什麼原來的自己一直停滯不前。選擇出國，恰好驗證那句話，是為了尋覓人生另一種角度，在這個角度反觀走過的路，或許會是另一種風景。

我真的是一個特別固執的人，一旦下定決心，無論如何也會全力以赴完成。只是在過程中，會產生難以避免的失落與恐慌，可是對年輕的我們而言，這點煩惱又算什麼呢？

到一個遙遠又陌生的國度求學，與其說是為了開闊眼界、看看世界，不如說是看中它能磨練這個年紀需要的氣質。它會拓展生命的寬度，讓你知道自己的渺小，也會讓你明白能給予幫助、安慰的人，只有你自己。

那天跟那位朋友聊到最後，彼此都喝得有些微醺。我看著他紅通通的臉，他也看著我漲紅的臉。我對他說，大不了最後還是安穩的做一個普通人，不再去想那些沒追上的夢，也不再製造那麼多遙不可及的夢。他依舊笑笑，像是看穿我內心的不甘。但有一天，我突然明白一個道理，在這件事上我一直抱著一種模糊又消極的態度，明明有很多未知可以現在解決，卻一直把想法困在腦袋的黑洞裡。

所以，在迷茫的時刻，一定要堅定自己心中的信念。在我們這個年紀，難能可貴的東西，是敢於一個人戰勝困難的勇氣，還有與孤獨相處的耐性。

年輕的我們渴望得到、害怕失去，但**人生從來沒有完全划算的買賣，如果連勇敢嘗試的第一步都不敢踏出，上天送禮時肯定也會吝嗇**。

有太多的少男少女，年紀輕輕就過分追求趨利避害的人生。隨波逐流中，一部分的人的確做到了，他們成為少數的熱銷品，卻忽略很多人在追逐的過程中，被一點一點局限在那裡。

與其做熱銷品、選擇熱銷的人生，我更想在一切就定位以前，給自己一些不那麼匆促的選項。因為人生，從來不是單行道。現在二十一歲的我，不知道兩、三年後會變成怎樣，會失去什麼？又會得到什麼？但我相信，**我孤注一擲，拋下那麼多才做出的人生選擇，命運會看在眼裡**。

7. 正因我看過朝陽，才不怕暗夜的狼狽

我想，熬夜對現代的年輕人來說，應該是常有的事情，尤其是像我這樣的文字工，幾乎是家常便飯。似乎逃脫不了固有的規律，總是在深夜變得多愁善感的人，也往往在深夜裡最容易得到靈感。

照道理來說，熬夜對寫作者而言，通常是千篇一律在電腦前，對著閃著白光的Word 檔敲擊鍵盤。但在我的記憶中，有一次熬夜的經歷讓我印象深刻，那是在某一年，去上海參加的一個文學比賽。之所以回憶起，是因為前一陣子在整理舊物的時候，無意間從抽屜的最深處，翻出當年比賽時想留下來當紀念的東西。

參加比賽的那年我大一，有著不經世事的天真。得知入圍的時候，別提有多高興了，這件事一度被我視為考上第一學府，是唯一讓我充滿自豪和愉悅感的經歷。

那個比賽是由郭敬明[5]所舉辦的，平臺來自影響很多代年輕人的雜誌《最小

說》。比賽曾經享譽文壇，成為眾多有著文學夢想的青少年圓夢的大門，雖然如今可能很少有人知道，名聲也黯淡許多，但對很多喜歡創作的同齡人而言，它仍舊是一個相當神聖的比賽。

為了這個比賽，我投了許多參賽稿。大一那時只要一下課，就會回宿舍悶著頭開始寫。也算是皇天不負苦心人吧，作品很幸運的從幾十萬份參賽稿中被遴選出來，成為當時青春組的全國十二強。

跟我一起入圍的還有一個是我的學長，我們一起從廈門飛往上海，到達比賽所在的飯店。我的眼裡充滿期待，心裡帶點緊張感，因為接下來的幾天，就是決定我能不能和郭敬明的公司簽約，成為《最小說》簽約作者的關鍵。

儘管現在想起來，會覺得當時自己的想法很幼稚，可是這畢竟是站在一個相對成熟的時刻回顧曾經，然而在那段光陰裡的自己，卻是無比重視這個機會。我想，其他同齡的寫作者，在那刻都和我有相同的心情。

5　作家，出生於四川省自貢市。他是中國青年作家群代表人物之一。

比賽緊鑼密鼓的開始，還記得第一輪是讓我們在趕來參加比賽的路上完成的，至今還記得第一輪的題目，是以自己到上海所搭乘的交通工具為元素，創作一篇小說的開頭。我選的是地鐵，腦海中刻畫的是一個帶著魔幻與懸疑的青春故事。很幸運的，在第二輪開始之前公布第一輪結果時，我的文章獲得組內的第三名，成為接下來分組比賽的組長。

十二強的選手一共分成四組，按照第一輪打分的成績，前四名可以當組長，組長能自由選擇兩名選手組隊，與自己的組員按照「起承轉合」四個部分，共同完成一篇文章。

我挑選的組員馬瓶和小色，這兩個人也是現在青春作家圈裡生產力高、名氣也高的兩位。我們共同完成的文章，要以隊長在第一輪比賽時的開頭接續創作。於是，在這場淘汰賽的一開始，我就被委以重任，因為如果最終文章得分不高，整組三個人都會被淘汰。那天，我們只有一晚的時間可以構思和討論，隔天一早就要去現場比賽。沒錯，就是在飯店其中一廳現場撰文。

為了能晉級，那天晚上我們小組耗盡九牛二虎之力，構思一個完整的故事，把每個部分該怎麼寫都梳理清楚，甚至連用詞、用句的細節都不放過。之後，三個人為了保險起見，決定寫一篇草稿，就這樣按照分工，每個人把自己的部分寫好，統一傳給我，我再來做結尾。

因為是最後一個部分，所以我要等著組員把他們創作的部分寫好傳給我。那天晚上，我坐在飯店房間的電腦前，一等就等到天亮。為了不讓組員壓力太大，在他們靈感竭盡時，我還要盡力安撫。當同房的室友早已睡到打呼的時候，我把電腦螢幕的亮度調到最低，像個幽靈一樣靜靜的坐在那，看著螢幕上空白的 Word 檔，腦袋裡想著要怎麼寫，才能讓評審感到出其不意。

那一晚，是我人生中第一次親眼看著天空從黑色慢慢變亮。等到天微亮時，我才把小說的結局寫完。簡單盥洗、吃完早餐後，就跟組員一起到現場準備比賽。雖然整晚沒睡，體力上有些吃力，但比賽那種緊張的氛圍在你身旁蔓延，就會讓你不得不全神貫注在故事本身。當我交完稿，從現場走出來的那瞬間，覺得整個人像行屍走肉。

那天的比賽環節排得很緊湊，一輪扣著一輪，上午寫完，下午就接著宣布比賽結果。大廳裡所有的參賽選手全都緊張兮兮，主持人用故弄玄虛的語氣，讓焦躁的氛圍達到極點。

終於輪到我們，我們小組和另外一組一起被請到舞臺上，其中一位叫落落的評審說，我們兩組中有一組會晉級，沒晉級的那組將被淘汰。宣布結果的前一秒，我似乎和落落的視線交錯了一下，也不知道為什麼，在那瞬間，我心裡突然有一種安心的感覺，心裡想著：「淘汰的應該不是我們。」然而，就在我鎮定的對自己說完這句話後，落落宣布晉級下一輪比賽的小組。

不是我們。

對面小組三人高興的相擁，像是命運的審判般，我們這組的三個人此時還不相信剛才聽到的答案。我們三個人錯愕的看看彼此，我看到我們表情裡的無奈。

就這樣，我們小組三個人在來到上海的第二天下午就被淘汰，被淘汰的選手會被要求立刻離開參賽地點的飯店。帶著狼狽的模樣，我們失落的從大家視線中央的臺上走下來，離開會場，回房間收拾行李準備離開。

回去的路上，我們三個互相安慰，對比失落和挫敗感，我心裡更多的是愧疚，愧疚昨晚那一整夜三個人不眠不休的努力，卻換來這樣的結果。我作為隊長，覺得很對不起組員。

後來在回廈門的飛機上，我的腦袋裡總是不停閃過那個深夜，我坐在電腦前，房間裡安靜到只能聽見自己的呼吸聲，電腦上每多出一個字，彷彿都意味著我離夢想又更近一步。可是突如其來的結果折斷我的翅膀，將我一腳踢回現實。

記得當時一起參賽的朋友，問過我一個問題。她問我後不後悔那天熬夜，如果好好休息，說不定狀態會更好，結果也可能因此改變。我回答她，我不後悔。因為相比那一個如重錘落地般的結果，那個沒合過眼的深夜，才是讓自己真真切切體會到為了一件事全力以赴的感覺。

當時比賽結束，負責帶我的責任編輯還跑來我房間安慰我。她說，人生不只這一條路，你要相信每一個答案都是冥冥之中安排好的，有時候並不意味著就是件壞事，或許只是告誡你再努力些、再耐心些，果實終究會來的。

也許那次失敗，的確是上天的暗示吧，每次回憶起這件事，都會從其中品味出一絲幸運。它不是件壞事，而是教會我讓人生少走彎路的答案，不是靠多精明的技法，而是靠一顆一直在路上努力不懈的心。

當時從比賽現場出來後，我有問過其他組的選手前一晚是怎麼過的，才驚覺原來只有我們這組熬了一整夜，只為了第二天有個好答案。這就是命運吧，它出其不意，還可能會讓那一顆顆為它用盡力氣的心挫敗退場。可命運就是如此的霸道，倘若不用那一次次深夜的絞盡腦汁、耗盡心力，這世上哪來那麼多的晉級機會等我們抓住呢？或許正是因為那次年少的失敗，讓我第一次感受到全力以赴追逐夢想時的美麗。

長路漫漫，別怕輸得狼狽。我們每一份努力，不過是為了在每份機會降臨時，能握住那為數不多的幸運。

8. 你沒超越其他人，也沒落後任何人

被超過的感覺，一點也不好受，我比誰都還清楚這點。

就以我為例吧。當初跟我一起出道的那些作者，那時我們還曾一起憧憬著未來，轉眼間，大多數的人早已遠遠把我甩在身後。人與人之間，那種樂於去比較的意識，往往是在不經意間流露出來的。有比較就會有差異，有差異的結果就是幾家歡樂幾家愁。

這一點無論是在事業、學業還是愛情，都很難規避。多數的我們，總愛往前看、向上看，不再留戀走到這裡的過程。橫向的比較，會讓我們覺得難過、覺得上天不公平，明明自己也很努力、也算優秀，為什麼幸運的人不是自己。

其實這種心理也蠻正常，畢竟嫉妒的心很難被壓抑，只不過很多人卻因此變得敏感，甚至變得自私自利。「我希望你過得好，也希望你一切順利，但前提是比我

差一點就好，不能超過我。」這是一種令人悲傷的心理，很容易將人挾持住。連我自己偶爾也會很驚訝，自己的腦袋裡怎麼會有這種想法。

但仔細品味，也有一種無奈的滋味。人與人之間隨時都在競爭，這世上每個齒輪永遠都在轉動，總有人會超過你，同時也會有人在背後望著你。

前幾天讀到這段文字，恰好命中我身體裡某處多愁善感的部分：

紐約時間比加州時間早三個小時，但加州時間並沒有變慢。
有人二十二歲就畢業了，但等了五年才找到好工作；
有人二十五歲就當上執行長，卻在五十歲去世；
有人直到五十歲才當上執行長，然後活到九十歲；
有人依然單身，同時也有人已婚。
歐巴馬五十五歲就退休了，川普則是七十歲還在參選總統。
世上每個人本來就有自己的時區。
身邊有些人看似走在你前面，也有人看似走在你後面。

但其實每個人都在自己的時區，有自己的歷程。

不必嫉妒或嘲笑他們。

他們都在自己的時區裡，你也一樣！

生命就是在等待對的行動時機，

所以放輕鬆，你並沒有落後任何人，也沒有超越任何人。

在命運為你安排的時區，一切都會準時到達。

其實想想，雖然這是一段安慰的話，但道理卻值得琢磨。總有人走得比你快、過得比你好、比你有才華、擁有很多你沒有的東西。但偶爾轉身看看，你的身後也有著一群人，他們和你很相似，像你望著前方的人一樣望著身前的你。所以別在意，按部就班即可，只要別放棄努力就好。

不同時區的你和我，會在不同的時刻看見日出。太陽會準時上班，而你也要繼續奔跑。

第二章

世俗的世界裡，你要成為自帶背光的人

現實世界裡，
沒有主角光環的我們，
也要憑藉自己的努力，
成為自帶背光的人。

9. 沒主角光環，努力照樣能有自己的舞臺

記得大三那年幫廈門一家公司寫劇本，我到現在仍對劇情印象深刻。故事說真的鑾俗氣的，就是一個自卑的女孩喜歡上學長，學長的設定是自帶光芒的高富帥，而這個女孩滿臉痘痘、身材臃腫，只能在夢中幻想和學長戀愛的畫面，現實中從來沒有和對方說過話。

沒自信的女生很多，影視題材裡也出現過無數次，甚至我筆下的故事和小說也塑造過許多類似的人物。像是我曾出版的長篇小說《回答時間的戀人》，裡面的女主角崔芒芒也是一個常逃避感情的人，倘若不是幸運遇到一個忠誠的男友，真的很難想像她何時才能等到對的人。她的自卑倒不是因為外表，而是因為自己能吃比平常人多十倍的食物，讓她從小就被別人視為異類。

在前者的劇本裡，這個滿臉痘痘的女孩，最終還是跟學長在一起。至於我寫的

長篇小說，崔芒芒也獲得這份愛情。但在戲劇化的創作裡，圓滿結局帶給我們的力量或是啟示，真的會活生生的發生在日常生活嗎？我想，不會的。這個答案，倒也不是說影劇或書籍裡的故事脫離現實，而是現實生活中的我們，往往很難戰勝自己內心的阻力——它或許是不自信，也或許是自卑。

對於沒有主角光環的我們，成全我們愛情的不會是電影裡的情節和巧合，能成全我們的，只有自己。

之前在上海實習的時候，公司裡有個女孩跟我差不多大，已經畢業一年。因為年齡相近，我們很常交流。她依舊還沒褪去學生的樣子，運用拙劣的化妝技術，她用厚重的妝遮蓋皮膚，使糟糕的膚況更明顯。

大概是身為作家的原因，我總愛不動聲色的觀察周邊的人。漸漸的，我發現這個頂著高學歷、擁有不錯的工作能力的女生，本該讓她自信滿滿，但她卻總是畏首畏尾，提不起勁。同事就算故意刁難她，她也一聲不吭；沒禮貌的男同事公然開她玩笑，說她臉上的粉有一公尺厚，她也從不回擊。還有其他的插曲，總讓人不自覺的想同情她。

有次加班只剩我們兩個，所以我們一起訂外送，我跺著腳期待我的麻辣小龍蝦，她卻只點一份清淡到不能再清淡的沙拉。可是她並不胖，所以我就多問一句：「怎麼不吃點帶油的呢？」她指了指自己的臉，我才明白。

吃飯的時候，我們聊起自己的過去。「自從青春期開始，臉上的痘痘從來沒停過。高中時同學幫我取綽號，叫我『痘妹』，大學來到上海後變得更嚴重，每天都要拍很厚的粉才敢出門。對大學裡暗戀三年的男生，終於鼓起勇氣表白，後來卻從他朋友的口中聽到，他每次看到我的臉都起雞皮疙瘩。」我一步步把她的故事套出來。依舊可以聽出她對那個男生念念不忘，有七〇%的篇幅都在描述那個男生多帥、多暖。

「得知我在他眼裡原來是這個樣子之後，我就再也沒有走進他的生活，但他卻始終留在我的生活裡。有時候照鏡子，總覺得自己很可悲，試過很多辦法，也擦過很多藥，甚至感覺自己的臉快要爛掉，可是情況依舊沒有好轉。」我看著她的臉，皮膚狀況的確挺糟的。可是我能做的也有限，除了把我知道的治療方法告訴她以外，也只能勸她趕快從這段不美好的記憶走出來。

後來這個女生因為一個專案做得很好，被調去一個更好的部門。之後，我再見到她的時候，通常也是加班的時候，她依舊頂著厚厚的粉，臉上沒什麼笑容。

某天又碰見她，她說自己年底可能會升遷，全部門年資兩年以下的人拿到這個獎勵的只有她一人。她臉上洋溢的笑容，是我不常見的笑容。我能感受到她的幸福感，也挺為她感到高興。後來我實習結束，繼續回學校上課，除了朋友圈[6]的點讚，跟她也沒再聯繫。

之所以講這個故事，是因為我看到一種可能性。我身邊有很多資歷尚淺的女孩，整天依舊把自己泡在偶像劇和小說營造的世界裡：不漂亮的姑娘，遲早也會遇到白馬王子。可是現實生活中，沒有主角光環的我們，如果只是坐以待斃，每天祈禱轉角遇到愛，永遠也不會得到自己想要的愛情。

世俗裡的事，往往會以世俗的結局收尾，但我們不能因此被蒙蔽雙眼，不去挖

6　一般指的是騰訊微信上的一個社交功能，用戶可以透過朋友圈發表文字和圖片，同時也可透過其他軟體將文章或音樂分享到朋友圈。

掘自己身上的優點。沒有主角光環的姑娘，也能靠著自己的努力，自帶光芒。

有句話說得很好，**人其實有兩次出生。一次是被動的出生，由父母和周圍的人塑造你的形象；另一次是主動的出生，由自己塑造自己。**

現實中沒有主角光環的我們，不需要電影裡的情節和巧合來成全我們的愛情。憑藉自己的努力，也能成為自帶光芒的姑娘。

10. 真正的公主，都活成什麼樣子？

有一個問題我被問過無數次：「理想型的女生是什麼樣子？」不知道為什麼，每次被問到的時候，我最先想到的是一個讓我特別欣賞的女生。

出生在中國強推計畫生育政策那一代的小孩，大多是家庭裡的掌中之寶，許多富人家的孩子更是從小被捧在手心，從小就嬌生慣養，一遇到挫折就比溫室中的花朵還脆弱。

之所以欣賞她，是因為我在她身上看到許多人沒有的東西。暫且稱呼她為奶茶小姐吧，因為朋友都覺得她長得有點像一位網紅奶茶妹妹，她們同屬於甜美型，而且奶茶小姐身上有一種甜而不膩的氣質。

剛開始是從一個朋友的口中知道奶茶小姐，當時奶茶小姐入圍福建省的一場比賽，我們學校最終在那場比賽中獲獎的只有奶茶小姐一人。據說頒獎典禮辦得特別隆重，好多媒體報導，也有電視臺現場直播。因為有現場授獎的環節，所以要求每個要上臺領獎的選手都要盛裝打扮。

朋友說，奶茶小姐當時準備的禮服，在頒獎典禮的前一天不小心弄髒了，怎麼樣也洗不掉，只好再去買一件裙子。好不容易看上一件著名品牌的春季新款，卻因為店裡只剩下這一件，而且已經被其他人預定，所以買不成，想要調貨又要等好幾天。但是誰也沒想到，奶茶小姐當場以兩倍的價格，把那條裙子硬生生買下來了。

我第一次聽到這個故事的時候，被奶茶小姐的土豪行徑嚇到，花費人民幣十幾萬元，只為了買一件出席頒獎典禮的裙子。雖然知道奶茶小姐是富二代，但還是很令人不解，就算再有錢也不至於這樣揮霍吧。

真正認識奶茶小姐，是在學校辦的活動。去一個偏鄉做人類學領域的研究，我們大概有二十幾個人，分別來自不同學院，為了省錢，我們選擇搭有床鋪的火車。

因為訂到的床鋪有限，所以大家決定輪流休息。深夜的時候，有一個女生大概是暈車嘔吐，弄得她那張床髒兮兮的。那個姑娘很不好意思的跟大家道歉，但她又不知道該怎麼彌補，弄髒的床肯定沒人願意再躺。

事實也真如此，原本該輪到的同學幾乎都搖搖頭，說自己還不睏，讓下一個人去睡吧。但輪到奶茶小姐的時候，她絲毫沒有推辭的意思，直接走過去，像什麼也沒有發生一樣，倒頭就睡。

我們都還能聞到那節車廂裡，嘔吐物飄來的臭味，奶茶小姐卻絲毫沒有因此顯露出半點嫌棄的樣子，反而還將自己帶的暈車藥拿給那位暈車的女生。

看到這個小動作，我突然對眼前這位富二代小公主很難理解，照理來說，她表現出來的應該是大小姐脾氣，受不了這個、受不了那個，更別提要躺在那張髒床上。後來，我才發現原來是我錯了，這一切都是我的偏見。

是從哪一刻開始，意識到自己從頭到尾誤解一個人呢？

有一次，我和朋友去海底撈吃火鍋。服務生帶我們入座後，我覺得這位服務生特別眼熟，正準備要打招呼，才發現原來她就是奶茶小姐。一個買件裙子都能花掉人民幣十幾萬元的人，竟然需要來海底撈打工？莫非這家海底撈就是她們家的關係企業？我帶著滿頭問號和她打招呼。

雖然之前一起參加過活動，但我和奶茶小姐之間的關係，大概也只是有過一段共同經歷的普通朋友。

我們寒暄了一下，就開始點菜。沒多久，服務生把湯底送上來，就在鍋子要放下的那瞬間，不知道是不是因為太用力，鍋中的紅油往外一濺，大滴的紅油就這麼溢出來，而我的外套不幸被潑到。

這時，奶茶小姐突然跑過來，幫我用溼紙巾擦拭外套上的油點，嘴上不停說著抱歉。可惜溼紙巾並不能解決已滲透纖維的油漬，我說著沒關係，回去洗一下就好。但奶茶小姐執意要我把外套脫下，說要幫我拿去處理乾淨。「相信我，一定可以洗乾淨的，你先慢慢用餐。」奶茶小姐對著我微微一笑，然後便拿著外套消失在我眼前。

朋友一邊讚美奶茶小姐真的很好，一邊問我她真的是富二代千金嗎？不僅一點傲氣和架子都沒有，竟然還能如此謙卑的服務客人。我搖搖頭又點點頭，夾了一片牛肉涮進鍋裡。

那天吃到最後，奶茶小姐剛好出現，拿著一個袋子。袋子裡面裝著沒有油點的外套，我驚訝的問她是怎麼洗的，奶茶小姐只是笑一笑，什麼也沒說，最後為了表達歉意，還送我們一份水果盤。回去之後，我拿出那件外套仔細檢查，聞一聞衣服上的味道，才發現不對勁。這根本就不是我穿過的那件。

隔天，我發微信給奶茶小姐，說是為了謝謝她辛苦幫我清理衣服，想要請她吃飯。奶茶小姐起初推辭，說只是小事一樁，但擋不住我百般邀請，還是答應讓我用一頓晚餐來表達謝意。

「那件外套是妳從無印良品新買的吧，回去我仔細檢查過，還特地聞一聞上面的味道，明顯是新衣服的味道。」我說完，奶茶小姐依舊笑一笑：「被你發現了，我還擔心被你發現，所以剛開始才婉拒你要請我吃飯這件事呢。」

我執意要還錢給她，但被奶茶小姐拒絕：「就一件衣服而已，本來弄髒它就是我要負責，做錯就該彌補，這是我應該做的。」奶茶小姐回應很得體，那刻突然覺得，她真的不是我想像中的富家女。

吃飯時，我有問她一直盤繞在我腦海裡的幾個問題。我問她為什麼當初在一起參加活動的火車上，願意去睡那張被嘔吐物弄髒的床。奶茶小姐說，因為她不想讓那位不小心弄髒床鋪的姑娘太自責。「因為自己的一不小心，破壞大家共處的環境，這件事放在誰身上，肯定都會相當自責，如果這時那麼多人再因為這件事而嫌棄或拒絕，那麼她一定會更難過。我也不喜歡被弄髒的床，但相比之下，我更希望無心之過的她能得到一點安慰。」

奶茶小姐的一番話，讓我刮目相看。我忍不住把心裡的疑問，一個接著一個說出來：「話說，妳怎麼會想要去海底撈打工？妳知道那天我看到妳的時候，有多驚訝嗎？」

奶茶小姐放下手中的筷子，看著我說：「你知道大學生活有多無聊嗎？再不找點事情做，好多時間都被浪費掉了。我可不想整天就把時間花在逛街、購物、上網，雖然我爸的確能幫我找到很多大公司的實習機會，但我還是想從這樣的工作開始做起，畢竟人生那麼長，多嘗試一些不同的花樣總是好的。」奶茶小姐嘗了一口菜，發出「哇！好好吃」的感嘆。但在那刻，我卻沒有心思咀嚼眼前的食物，我彷彿被奶茶小姐散發出的氣質吸引住了。

雖然出身富裕的家庭，但在奶茶小姐身上，卻看不到很多富二代身上所擁有的自負。相比之下，奶茶小姐更像是一個對生活充滿希望的普通人。或許，這個世上真的有人活成真正的公主，而非所謂的「公主病」。在我眼中，奶茶小姐就是這樣的存在。

之後，忘記是從哪裡看到這樣的文章。文章描述的是一個英國富二代，她們從小被培養，對任何事物都要有耐心，要重視每件事、用心做好每件事，哪怕只是件微不足道的細節。

看完這篇文章後，我好像突然明白，為什麼奶茶小姐當初會砸重金買下那件裙子。或許對她而言，與昂貴的價格相比，那顆認真對待每件事的心，反倒更奢侈。有時，我們不得不承認我們在物質上的差異，也不得不承認這種差異會在我們為人處世的行為上帶來不小的影響。

有些人的確一出生就擁有很多人一生都在追求的東西，但在這些客觀條件的背後，我發現追求那顆真摯向善、認真謙卑的權力，是每個人從一降臨到這個世界開始，就是平等的。

既能不卑不亢的承受最好的，也能放下身段接納最糟的，奶茶小姐就是這樣的女生。

11. 讓你的努力變成星光

大一時有次路過學校貼滿廣告的布告欄，看著上面覆蓋一層又一層雅思、托福的招生廣告，當時還很不屑。心想著將來絕對不會折磨自己，去考這些看起來對人生沒多大用處的考試。三年後，當我再路過這個布告欄時，才意識到自己錯了。

三年後的秋天，我每天幾乎除了睡覺、吃飯、上廁所，剩下的時間全花在學英文這件事。即便來自大家口中認為的好學校，當提到英文時，還是會感受到自己骨子裡的不自信。開口說英文的時候，我的臉上沒有充滿自信的微笑，而是絞盡腦汁在想，下一句我要怎麼說。

確定要出國這件事，其實花費很久的心思。大三下學期的時候，我時常在自我拉扯中度過，到底該進入社會工作、繼續讀研究所，還是出國進修？父母其實能幫的很少，待在小城市裡的他們，唯一知道現在年輕人之間的競爭方式，就是透過手機和電視那塊螢幕。

有時候，父母會脫口而出：「隨你吧，無論做出什麼樣的選擇，爸媽都會支持你。」除了是因為他們真心希望你過得快樂，還有一個原因是他們對你的無可奈何，不知道該如何幫你。

但我還是決定了。起初想著要去亞洲排名第一的新加坡國立大學，我對這所學校有著五味雜陳的感覺，喜歡它喜歡到把校園風景印成照片，貼在牆上每天激勵自己。同時，又無比討厭它，因為錄取條件太嚴苛，而且沒有我心儀的領域。

說白了，我是有名校情結的，從小學到國中，從來沒有考過除了前三名以外的名次，父母總希望我能考上清華、北大。很多父母都這樣，這種情結往往也會潛移默化的傳給小孩，在這樣的環境下長大，不自覺的會想要再努力往上爬。

可惜，我不夠聰明，還是考不上清華、北大。於是想著研究所階段，鯉魚跳龍門，一定要考到一所相當厲害的大學，打從心裡為自己驕傲一次。

可是幾個月後，我放棄去新加坡國立大學的機會，因為我突然想清楚，為了讀名校而犧牲自己真正喜歡的行業，每天學著不感興趣的東西，其實違背當初決定出國的動機。

最終，在很多人的推薦下，蒐集很多資料後，我把視線轉向一個擁有豐厚文化與藝術歷史的國家——愛爾蘭。在改變計畫後，無數人問過我為什麼，有時我解釋到都嫌煩了，就會敷衍的說，因為想逃離這裡，去一個離故鄉更遠的地方。其實這些都是藉口。對我來說，出走，是為了回家。

其實申請海外的學校，都有著極其相似的步驟與環節。你需要根據自己的興趣和愛好，選擇自己喜歡的學校與專業。你還需要為自己做一個完整的診斷，看看自己的成績和語言能力是否能給自己機會，去追尋喜愛的東西。

從準備語言成績，再到準備申請資料，看似很普通的兩個環節，其實要傾注相當多的精力。英文不好的人要通過雅思、托福考試，要先把自己義務教育階段所接受過的學習模式給扭轉過來，其次是要每天花大把的時間去訓練、適應，再也不能像是應付一個期末考這麼敷衍。每當想到之後真的要用這個語言點菜和買東西的時候，你會逼著自己把那些又長又相似的單詞，一個個刻在腦袋裡。幸運的是，我後來成功考到目標分數，努力總算沒有白費。

以為語言考試通過，可以鬆一口氣的時候，準備申請資料的過程，又會遇到許多繁瑣的事。要準備一個出色的簡歷、一份優秀的讀書計畫，還需要列出一份能代表自己水準的作品集。這一連串的準備過程，需要一點一滴的修正、把關，並不會比考試輕鬆多少。但準備的過程中，反倒會因為自己搞定了、弄懂了，而感到滿滿的幸福感與自信。執著奮鬥於某件事，這樣的時刻特別珍貴，它像一顆鑽石，吸引你全力以赴。

真正收到錄取通知的時候，我和朋友剛好在前往長白山的高速公路上。我看著電子信箱中，學校發來的那封郵件，小小的「Congratulations」（恭喜），讓我的心臟激動的怦怦跳。

那是愛爾蘭最頂尖的大學，也是全球排名前一百的大學。從某種程度上來講，這些標籤化的東西滿足我的虛榮心，它同時也形成一種無形的壓力，讓我開始擔憂，自己的能力會不會讓學校失望。

轉達喜訊給父母的時候，我爸終於笑了。還記得不久前，我跟他說如果申請不上國外的名校，就會去北京、上海打工。電話那頭的他，當時緊鎖著眉頭，眼裡透著失望和無奈。得知好消息後的他，在電話中說自己也鬆了口氣。他說，他知道我從來不會讓他失望。

或許是為了實現自己的情結和父母的期許吧，但是能抓住自己喜歡的事，還是覺得自己是幸運又幸福的。只要下定決心，就竭盡全力努力。無論結局如何，你付出的努力永遠不會被歸零，在將來的路途中，它們會變成曙光，照耀著你的前程。

12. 被時間記住的人，顏值只是他們出色靈魂的裝飾

自己曾寫過一篇關於自卑的文章，那篇短文和很多人產生共鳴，發布之後收到許多讀者的回應，大多是傾訴心裡面不自信的聲音。我瀏覽過留言，發現大多數人，尤其是女生，都一直深陷於沒有出色的外表，而缺乏信心。

這讓我想起我之前聽到的一個八卦。我有一個學姐，想考某間大學的表演系碩士，靠關係找到一位教授。教授一來，第一句話就是「把妳的照片傳過來，長得好看才能給妳這個名額」。

學姐熱愛表演，學校大大小小的演出、戲劇節都有參與，只是她從來不是主角，比較常扮演像是主角的媽媽這類角色。說白了，就是她的長相偏老氣，這和現在流行的「小鮮肉」完全不搭。她常因為這張臉感到沮喪，這種不自信一步步重挫她想往演藝圈發展的決心。

她把照片拿給那位教授，最後仍然沒有得到這個名額。我安慰她，沒關係的，又不是只有這一條路可以實現夢想。但是，她卻一直糾結在於，如果我長相年輕點、好看點，是不是就可以順利拿到這個名額？

世俗的審美觀，讓大家都覺得現在的社會，總會讓長得好看的人快速通關。其實不能完全否定這個觀點，我們確實常聽到很多像這樣的例子。所以，那些像是「長得美就是一切」、「長得醜比貧窮還可怕」的論斷被炒得火熱。這些甚囂塵上的聲音，將那些長相一般，甚至長得不是那麼好看的人逼上絕路。

這幾年，我接觸過很多為了改變自己外表而努力不懈的人，有的選擇整容，有的每天上健身房揮汗如雨。某些人因為顏值的改變，獲得滿滿的自信，也有另一些人感到絕望，甚至還為自己的心理帶來副作用。

我曾在一篇文章裡，寫過我的一位同鄉，為了變漂亮愛上整容。頻繁整容讓她的臉越來越僵硬，心理也生病了，因為她比以往更在乎別人怎麼看。

她的名字叫做菲，當年跟我一起考上廈大，一個沒什麼記憶點的女生。我讀的是人文學院，菲學的是電腦工程。剛上大一時，我們都是好奇寶寶，對陌生的城市、陌生的面孔，都充滿新鮮感。大家忙於認識新夥伴，迅速建立起自己的社交網絡，但好幾次聚會之後，還是很少有人記得菲是誰、叫什麼名字。

我跟菲會熱絡起來，其實沒有什麼轟轟烈烈的橋段，而是因為我和菲一樣，也是經常被人群忽略的人。這跟性格、說話的方式和語氣有關，當然也跟內心的不自信相關。我的自卑很簡單，因為從小到大是個胖子，而菲是因為她那張臉。

「那幾個小時，我感覺快要往生，當時甚至有想逃跑的衝動，真是受夠了！」菲對我說這些話的時候，又回憶起那黑暗的時刻。我看著她緊張又釋懷，最後嘆了一口氣，突然覺得很好笑。但我不能太明顯，因為我知道這時候的她需要別人安慰，哪怕不說話，只是靜靜聽她傾訴也好。

菲的右臉上有一個很明顯的斑，所以她留著十分笨重的髮型，像個頭盔和遮羞布一樣，遮住她的斑，同時也擋住她的敏感與脆弱。

菲一直很期待滿十八歲的那天，這樣她就能做去斑的手術了。十八歲生日的前一個月，她就先去醫院預約。那段時光就像黎明前的暗夜，讓她滿懷期待。

菲一直沒什麼朋友，也很少參加同鄉會。後來因為和宿舍的人吵架，還被迫搬出來住，無意間聽到同鄉對她的評價，大多是「不會相處」、「情商低」、「很自私」、「自以為是」這樣的詞。雖然作為朋友，不應妄加猜測，但其實在和菲相處的過程中，還是會發現這個小女生身上，有很多沒有「找到自我」的地方。

她將這些歸因於她的外表，如果能變得好看一點，一切都會改變。凡是一個成熟的人，在聽到這番言論，都會抱持著懷疑的態度。但沒辦法，那時候的菲和我都太天真，以為這個世界就如同媒體所灌輸的「顏值決定一切」，讓我們相信會被忽略、被遺忘，甚至招人討厭，都是因為這張臉。

十八歲過後的一個月，菲的手術很成功。傷口恢復後，她換了一個俐落的髮型，照鏡子的時候也變得自信許多。可是，她又開始浮現新的念頭。

大二暑假回來，我看著她的臉總覺得有些不對勁，後來她告訴我她去整容。「我覺得單眼皮太醜，所以去割雙眼皮，醫生又建議我把眼角割開一點，所以我就把眼睛改造了一下。」整容後的她，雖然比之前更美了一點，但看起來還是不太自然。然而作為朋友，看到她漸漸變得有自信，還是相當高興。

和網絡上那些文章說的一樣，整容過的人是很容易上癮的。後來，菲從我的生活裡消失許久，再見到她的時候，我幾乎有點認不出來。山根很高、下巴很尖、額頭飽滿，雖然每個部分都近乎完美，但整張臉過於僵硬。

我小心翼翼的找她聊過，希望她能稍微暫停一下改造自己的計畫。因為她為了支付高昂的整型費用，甚至向一些非法的管道貸款。每天只吃一餐，價格控制在人民幣十元的她，變得面黃肌瘦，讓人看了既心疼又心酸。

但是，我的好意沒能被她理解。她又預約下巴的手術，然後把我從朋友圈拉進黑名單。因為這件事，我還很難過的試圖挽回幾次，後來我才意識到，之前我無意間聽到的評價，並非空穴來風。

菲，甚至也包括我，從一開始就把原因歸咎於自己的外表。事實上，我們除了這張臉不出眾，還有根本沒有發現自己的缺點——不願意傾聽別人的意見。一味的待在自己的世界，沒有成熟的心智，對「顏值至上」的法則深信不疑。這一切，時間讓我上了沉重的一課，我失去這份珍貴的友誼，菲也像發瘋似的愛上整容。

「靠臉吃飯」曾一度成為我嗤之以鼻的詞，仔細想想，這世上真的存在這種人嗎？那些明星、模特兒如果沒有社交時的高情商、對待高強度工作時的專業精神，僅憑一張姣好的面容，就能得到一切嗎？似乎不能。所以我們往往只是被挾持在「顏值」的束縛裡，忽略本質的問題。

就算不靠臉吃飯，依然有很多美好的範本。自古以來，有很多出色的皮囊，但那些被時間記住的人，顏值通常只是他們出色靈魂的裝飾。

當我看到我的學姐，因為長得不好看而失去升學機會，是有些心酸的。但我更難過的是，她沒有意識到「改變」這件事，不能局限在她的外表。一直沉溺於外表不好看所帶來的悲傷之中，她的夢想也將止步於此。

「好看的人會更順利，不好看的人就會倒楣」，在我看來，沒有必然的關係。所以，請你從外表帶來的悶悶不樂中醒過來，不要被顏值挾持，才是我們每個人要做的第一步，它跟你長得漂不漂亮無關。

那些因為皮囊成功的個體，也只能獲得一時的精彩，當時間在外貌上留下痕跡，豐富的靈魂會顯得更可貴。

你可以不漂亮，但必須有氣質。你沒有那麼多錢去抽脂，但有很多時間可以讀書來潤澤你的內在。或許漂亮能讓你抓住別人一時的目光，但氣質與靈魂的深度，能讓你散發自然的魅力。

雖然關於顏值重要性的討論有千萬種，不同的觀點和價值，會讓這個議題永垂不朽。但是有一點毋庸置疑，從「因為我不漂亮，所以我會比那些長得漂亮的人過得更坎坷」這種荒謬的觀點中走出來，是我們看清社會的關鍵。你可以長得不出色，但你不能放棄讓自己變得出色的機會。無論是內在還是外在，都要懷抱一個變好的信念。

很多人一直搞錯顏值在我們生命中的位置。即便你擁有好看的衣服、鞋子、包包和飾品，但是讓自己變得更耀眼的前提，從來不是「你本來就要長得好看」。我們很多時候，從一開始就會否認自己，沒有給自己機會證明。這些額外的附加條件，能讓你變得更好、更有品味，所以我很討厭那些強調「前提是你得長得好看」的條件。

購買合適風格的衣物、培養禮貌的氣質、健康的生活習慣，以及博覽群書的內涵，這些從來不會因為「你長得不好看」而打折，反而會讓你的靈魂更加充實、富有價值。

這世界從來不會否認你為了變好看所做的努力，但請你別把變好看這件事當作一輩子的救世主。

13. 手無寸鐵的年紀裡，我們能抓住什麼

之前有個女生找到我，一臉委屈的說自己考試沒考好，考到一個「野雞」大學[7]。畢業後，爸媽讓她去大城市闖一闖，她到了上海，發現因為自己的學歷不好，求職不斷碰壁，無數次想要回老家隨便找個工作，然後安穩的找個人嫁了，過完下半生。

但她就是咽不下這口氣。她問我：「昆哥，沒有一個名牌大學的標籤，在這個社會上真的混不下去嗎？」我當時覺得這個問題很幼稚，能拿來推翻這個結論的例子有無數個。最出名的，就拿馬雲來說，人家也不是從名牌大學畢業的，還不是照樣成為互聯網購物領域的開拓者？

7　不受任何官方機構承認的大專院校。

但後來想想，自己的觀點多少也有失客觀，為什麼呢？倒不是「子非魚，安知魚之樂？」而是多數被人記住的成功，與失敗者占據的比例相比，從來都是微不足道的。

大學出身不好，依舊站上人生巔峰的個體的確不少。但是，在看到這些特例的故事時，可曾想過，與這些人從同樣起點出發的人，大多淹沒在無法躲避的平庸之中。當然，這也不是完全在說你的大學不出色，就注定是庸碌的結局。凡事講求比較，比較後往往能發現埋藏在事物本質中的差異。

萬物大多遵循定律，我們看到的成功或失敗，看到從塵埃中起舞，從雲月間墜落，都卡在一條基準線，這條基準線往往成為多數人不敢逾越的鴻溝。這條難以越過的鴻溝，簡單點講，的確是很多大學名氣不好的人，在面臨職業選擇時，會比那些出身名校或從海外歸來的人，減少一些話語權。

我朋友在一個二線城市的房地產公司當人資實習生，主要工作是負責初篩面試者的簡歷，他告訴我，如果大學名氣比較不好，除非有特別優秀的工作能力、吸引人的特質，否則一律都會被淘汰。

當他看著學校那欄，有些他連聽都沒聽過的大學，內心不再是充滿疑問，而是大腦的麻木。面試官永遠不會站在面試者的角度，去考慮你是考試失常，還是有其他理由，他的腦中只有那把冰冷的尺。

但這也不代表現在就是最壞的時代。我身邊那些賺大錢、開公司的朋友，在他們之中有很多人的大學並不好，即便如此，他們還是成功了。所以必須承認，這個世界沒有一分一秒是在阻攔你成功。只是邁向成功的人，身上往往有各式各樣的標籤，像是劍橋大學哲學博士、墨爾本大學畢業、北大法律和經濟雙主修、復旦新聞碩士……這些所謂的標籤，不可否認會有作用，但人生所需要的每張標籤，也並不局限於此。

從根本上來講，相比那些天賦異稟的人，名校出身的標籤，只是我們在這個身無分文、手無寸鐵的年紀，獲得成本最低、最公平，也最容易被拿在手心。等到你畢業，要走進社會，你會發現學校這個標籤對某些人來說，是僅存的救命稻草，而對於另一些人，只是錦上添花的服裝。

以我為例，雖然我讀的是廈門大學，但當我去外地參加活動，看到出席的都是一群北大、清華、復旦的人，我也會自卑，覺得自己在這群人之中，光環都被掩蓋掉。所以，無論你讀什麼樣的學校，這種危機感都是會有的。對於那些讀普通學校的人，這種危機感會更重。

為什麼呢？我常看到許多人鼓吹考試無用論，說一場考試不能論英雄，沒有考上好學校的人不一定就是失敗者。這個觀點還是有產生效應，但在我眼裡，它的理念正確，卻不接地氣。考試不能決定你人生的終點，但不可否認的是，它確實是一個很重要的節點。沒考好就是失敗，這個失敗是指這一個節點的失敗，這個節點放在人生的直線上來看或許微不足道，但你我都還沒活到終點，年輕人大多剛路過，或者是即將路過這個節點。

你我現在都離這個節點很近，怎麼還能說它不重要？怎麼還能忽視它的成敗對你此刻的意義呢？

如果考試考差了，那麼你的危機感應該是想著如何為自己增添更多標籤，讓它們的光芒蓋過考試帶給你的陰影；如果考試考得好，那麼你的危機感應該是想著如何把名校光環，變成一輩子的光芒。

然而多數人依舊是不幸的，包含我在內。他們大多生活在不自知之中，無論考試這個途徑的節點是否漂亮，人生仍然處在不作為的常態之中。

前面提到大學這個標籤是我們這個年紀最容易獲得、性價比最高，但當你度過人生中的學校時光，你也會漸漸發現，這個標籤也是最容易被遺忘和湮沒的。那些路過這個站點的過客，應當不卑不亢；那些即將過站的人，應當滿懷期待。

晚安，全世界唯一的你。

14. 優秀的人，都擁有怎樣的倔強

我之前在一家遊戲公司工作過，我的主管是個對我特別好的姐姐。因為我們兩個愛好寫作，所以有許多聊得來的話題。

那時，我只是個實習生，很多江湖法則都是她教我的，像是怎麼跟同事交際、怎麼把工作做好，當然也包括一些很殘酷的道理。那段工作的經歷，一直讓我留下很深的印象。

她是從北京一所頂尖的大學畢業，研究所在上海度過。畢業後，換過很多家公司，做過各種有關互聯網或是移動端的工作，最後進入我所在的這家公司，很快升上一個小主管。

我認識她那年，她剛滿二十七歲，在青島用全額的現金買房，在上海則是付了頭期款。雖然我很不喜歡用錢衡量一個人成功與否，但她在這個年紀取得的成就，確實在同齡層中稱得上是成功。

她經常跟我說，現在的年輕人很不容易，時代的進步讓社會分層越來越明顯，而階層與階層之間的距離又在無限擴大。不像父母那一輩，他們可能一輩子能接觸到的人就是一個村子、一個鎮上的人，大家都差不多，沒有誰特別窮，也沒有誰特別有錢。

她當時跟我講一段讓我印象深刻的話。她說，等你畢業進入社會，你就會發現，再也不是第一名與最後一名也能成為好朋友，月薪人民幣兩萬元的人，是不會跟月薪人民幣兩千元的人玩在一起的。我當時若有若無的聽進去了，一方面覺得很有道理，另一方面又因為自己還沒完全進入社會，而對此感到半信半疑。

後來，我努力在身邊尋找能證明這個道理的例子。也的確發現，身旁一個特別想嫁入豪門的女孩，家境一般，是個小網紅，真的使出渾身解數想要擠進那個富二代圈子，但最終也還是一場空。就連大學裡，那個「國家獎」拿到手軟，總是系裡第一名的人，也和那個吊車尾、天天翹課的人，變成兩個世界的人。

她說，越頂尖的人，越會形成一個封閉的圈子，這個圈子就像一個大氣層，保護著裡面的人，隔絕掉外面的人。優秀的平臺，決定你身邊的那個人是花一天打完一場英雄聯盟，然後點了份外賣，還是花一天看完一場畫展，然後讀一本雨果。

這位主管從小到大都被貼上「優秀」的標籤，我曾問過她，把優秀當成習慣的人，難道就沒什麼煩惱嗎？她說當然有，常常挾持住她的是，那種被優秀支配的恐懼。你害怕被同齡層的人甩在身後，害怕被你身後的人超越，當現實的處境與「優秀」這個標籤帶給你的慣性形成落差時，會變得恐慌、無所適從。

她跟我講過，她剛從研究所畢業時，履歷上的大學和研究所都是名校，又有相當豐富的實作經驗。她以為不管怎麼樣，身上都會自帶光環，這個世界不會虧待她。後來，雖然找工作很順利，收到很多的錄取回覆，但她依舊不開心。因為她覺得，這些工作配不上自己寒窗苦讀那麼多年的付出。

當時，她有個高中同學，讀完大專，跑到上海創業，她畢業的時候，那個朋友剛好創業小有成就。她心裡更不平衡了，覺得那些所謂的標籤、光環，到頭來一文不值。

可能旁觀的人會覺得她很做作、不知足，但當我自己也身處學校與江湖的交界點，才發現我懂她。我不敢用一〇〇%來概括，但名校出身的人，多少都會恐懼這樣的落差。它是一種很奇怪的心理，卻存在得很普遍。付出那麼多，好不容易考上優秀的大學，在大學裡又那麼拚命爬到頂端，誰都不想從高空墜落谷底。

名校光環會讓一些人變得眼高手低，會讓他們一時之間難以接受這個世界。這是優秀的副作用。

某天，我跟大學交情特別好的幾個朋友去吃飯，飯後去其中一個朋友新租的房子作客。當我踏進門，看到她家的第一眼，心裡面突然波濤洶湧。房子雖然狹小，卻很溫暖。我說她終於要進入社會，成為都市人了，她擺擺手，說蝸居生活正式開始。那刻，畢業季多愁善感的情緒烘托著，讓人腦海裡滿是想像。

我想，一、兩年後，那時候的我二十五歲，不年輕也不老。也像此刻一樣，在上海或北京的某個角落，擁有這麼一個小小的棲身之所，努力的想在這個鋼鐵森林裡扎根。那時候的自己，會是什麼樣的心情？

正如你們所看到的，大部分的年輕人沒有富二代、官二代的背景，從渺小的地方朝著大城市努力，大家都很辛苦、很疲憊。但包括我在內，仍舊向上擠著。

我知道現在就算是名校畢業，也不算什麼，沒辦法幫你打包票，保證你能走到最後一關。但是，我依然在向上游。因為這是我們在這個什麼都沒有的年紀裡，唯一可以為命運增加籌碼的事。

那些曾爬過山頂、看過太陽的人，擁有難以理解的倔強。他們或許會爬得更高，或許會摔得更慘，但在他們身上，我看到未來不是走馬看花就能得到，而是要用手創造。

15. 吃苦的時候，也別忘記去發現快樂

畢業前行程滿檔，剛從黃山出差回來，緊接著又跟大學同學去畢業旅行。某晚剛從長沙飛回來，沒幾天就真的畢業了。

剛落地沒多久，放好行李就立刻趕去吃飯，就只有我和R兩個人，大半夜去吃潮福城。

R是個安徽妹子，性格大剌剌的，愛塗鮮豔的口紅。我跟她會認識，是因為當初都是透過新概念[8]的活動拿到廈大的自主招生機會。大一有次聚會，圓桌坐了十幾個人，我們沒有說半句話，生疏得很。

會熱絡是因為我和她在大一上學期快結束的時候，又去參加第十六屆的新概

8　新概念作文大賽是中國一項文學賽事，參賽年齡限制在三十歲以下，該賽事每年舉辦一次。

念。冬天裡的上海，外灘刮著強風，那時我戴了一頂俗氣的帽子，在外灘的夜色裡側著臉。「咔嚓」一聲，站在我對面的她按下快門，把我永久留在這道風景中。

我是個不愛混圈子的人，無論我是作者還是普通的大學生，我的社交圈特別簡單，有時候因為要出去參加活動，被迫認識很多人。

總希望我的世界可以簡單點。那時我和R都很單純，沒做什麼準備就出發了，也不跟其他參賽者或者作者互動，就自己玩。我們在那個冬天去了上海很多個寒冷的角落，在街頭吃了一家忘記味道的菜。

那時和現在最愛聊的依舊是未來、是夢想。我們感慨著上海的繁華，下一秒吐槽地鐵裡擁擠的人潮。很瑣碎的事物在略帶冰冷的季節中，一點一點拼湊起來，它們大多有了延續下去的可能。這個可能，演變成一種很獨特的友誼。

R是很多女孩子當中，唯一一個讓我感到自在的女孩。我們相處的時間，有種莫名的默契，可以心照不宣的讀懂彼此沒有表達出來的想法。

我身邊當然也有那種好朋友，可以無話不談、熱衷於互相揭短，我們會在街上放聲大笑，說著粗俗的話。這是一種相處模式，它看起來更直入人心，但也常令你懷疑，用嬉笑、打鬧的相處模式，是否真的意味著你們懂對方。

我跟R的友情相反，她在我身旁的時候，會情不自禁的扮演一個崇拜者。這個小女孩經常會擺出花痴般的笑容，對我說：「我覺得你好厲害！」、「我真的很羨慕你。」諸如此類。這些話經常讓我聽得喜出望外，同時又感到害羞。有些讚美和誇獎，你能感覺到它的目的，但有的卻能讓你感受到別人對你真正的認可。

在我心中，R是一個善於發現別人優點的人，她不僅可以讀懂你，還能給你一些溫柔的勉勵。

遺憾的是，自從上了大學，她很少繼續創作。有時我能從她的眼裡看到某種希望，她也對我說過，我是這一屆出來的人當中，為數不多還在堅持創作的，一定要撐到最後。

如果只是因為她善解人意，我可能不會跟她成為好朋友。她最吸引我、最讓我欽佩的地方，並不是她有多漂亮、身材有多好，而是她跟很多女孩子相比，有著獨特的地方——她不是獨生女，還有一個上小學的妹妹。

我們一起去吃飯的時候，她經常會分享她妹妹的故事。每到這個時刻，她就變得很成熟，像個媽媽。她深諳長女為母這種傳統的道理和責任，在妹妹的身上傾注許多精力。她說很累也很苦，常常會被妹妹惹得一把火，但不知道是從什麼時候開始，妹妹成為她夢想的一部分。

她是個不怕吃苦的女孩。上學的時候，她經常跑出去打工，有一回在一家餐飲店當服務生，工作責任很重，離學校也很遠。不知道她從哪裡來的勇氣，直接住進那家餐廳的員工宿舍。

有次她帶我進去參觀，七、八個人窩在一個小房間，連衣服都沒地方晾。我問她說妳不怕嗎？周圍這些都是不熟的人。她點點頭說當然怕，可是想要賺錢，就得吃這種苦，如果你因為害怕而放棄，那就乾脆別出來，繼續待在學校裡就好。當時看著她的神情，心裡還是很敬佩她。平日看起來傻裡傻氣，但骨子裡卻擁有異於常人的氣質。

有時，承載許多負面情緒的我，跟她吃完一頓飯後，心情就會好上許多。就像一種魔力，我在她身上能看到另一個自己，很努力、很賣力的向上爬。

吃苦沒什麼，有些東西是遲早要經歷的，只是別因為總是在吃苦，而放棄找尋

生活中能令你快樂的事物。這是愛吃的她，一邊嚼著菠蘿麵包，一邊跟我說的。說完，她臉上揚起笑容，口紅的顏色特別醒目。

某晚吃完宵夜回來的路上，我在計程車上跟她說，我發現妳去實習的這半年，改變不少。她又笑了，不停點頭，說這都是被主管操練出來的。那刻，我再次從她身上看到自己。再過不久就要離開校園的我，也會身不由己的踏入社會。

來不及說有多不捨，第二天一早就啃著肉包趕地鐵。車子在雨中駛入校園，她感慨這是最後一次看到夜裡中的廈門大學了。明天一早就要回深圳，下午繼續上班，連畢業典禮都來不及參加。她苦笑著說，沒辦法，主管不准假。我幫她把車門關上，說了幾句祝福的話。

然後，雨聲淹沒告別的聲音，黑暗揉碎背影的形狀。

「你說，我們再見到彼此是什麼時候？」

「可能再也見不到了吧。」

16. 你我本就一無所有，又何懼失去所有

「那邊有時差嗎？」我點點頭，她坐在床的另一頭，拿著 ipad 看電視劇，在我點點頭的時刻，她按著音量縮小鍵，電視劇裡男主角的聲音變小的瞬間，讓整間屋子的空氣凝結起來。

「我支持你出國，老媽想你了，自己會坐飛機過去找你。」我坐在她的一側，靜靜看著她的眼睛，烏黑烏黑的，皺紋在昏暗的燈光下，變成一條狹長的影子。

我說：「妳別和我爸離婚。」她把正在播放的電視劇按下暫停，保持沉默。房裡的空氣更加凝重，窗戶外面的風依舊大力的刮著。

收到都柏林聖三一學院[9]的錄取通知時，我在前往長白山的巴士上。中國東北的傍晚很短，黑夜來得很早。暗沉的天色下，我看著螢幕上的「Congratulations」，彷彿要把這一年的委屈全都吐出來。像當年高考查分數時的心情般，得知

結果後，內心的喜悅蔓延開來，車窗外的景物都變得溫柔起來。

那晚，我在飯店做了一個冗長的夢，夢到半年前，我從語言學校下課，很晚了，到廈門大學的末班公車也停了。我在馬路邊攔了好久的車，沒人願意載我，於是獨自徒步走回學校，路上還突然下大雨，被淋成落湯雞，然後在大雨裡大哭一場。我大聲質問自己，為什麼我這麼笨，為什麼只有我學不好。

現實和夢境真的是相反的，那段時間壓力再大，還是一個人扛下來，從沒掉過眼淚。媽媽打電話來，問我考得如何，我嘴上說還不錯，實際上糟糕透頂，但還是忍過來了。一天只睡四、五個小時，每天走路上下課、上廁所都在聽ＢＢＣ的廣播，一度聽到很厭世。

記得從上大學的第一天開始，別人只要知道我是山東的學生，都會在結尾加一句「學霸」。雖然到現在也沒能成為一個學霸，卻認可從小立下的志氣，必須非常努力，才有機會成為贏家。儘管看到很多人可以不費吹灰之力跑到終點，也有些人

9　愛爾蘭最古老的大學，也是不列顛及愛爾蘭七所古典大學之一。

出生就在終點，但我還是堅信，努力是唯一可以與命運抗衡的東西。

收到錄取通知以後，國中的班導師突然加我的微信。她描述著自己青春期的女兒經歷高考失敗後的迷惘，想請我幫她開導一下。她說的一句話，我記得很清楚：「你總是那麼順利、那麼容易心想事成。」這句話裡摻雜的語氣有很多種，但仔細回想過去的人生，好像也是這樣、又不是這樣的。大家能看到，或者說只能看到的，是你獲得的那些，有時候只有自己知道，究竟失去什麼。

之前寫過一篇關於考研究所的文章，文章裡提到的學姐那年是第二次考試。文章發出去後，很多人問她今年考得如何，我都還沒回覆，因為我也不敢去問她。

前些日子，向都柏林聖三一學院正式回覆入學意願後，我在朋友圈發了文，她有傳訊息來祝賀我。我問她怎麼在朋友圈也無消無息，像蒸發一樣，她很平淡的說，她考試又考差了。「我比複試的平均分數只低一分。」我在螢幕前把回覆琢磨好幾回，打了又刪，刪了再打，始終沒有找到合適的句子。

她說現在不需要安慰，耳朵都聽到快長繭，只想一人度過這段艱難的時光。我能感受到她的不甘心，但又能怎樣呢？命運在此刻顯得特別堅硬，像暴起的青筋，任誰都無法觸碰、逆轉。

她說：「和身邊多數人相比，自己根本一無所有。」我沒有急著否定她，只是從她這句話裡，我好像聽到很多年輕人的無奈，其中也包括我。那些被激勵無數次的瞬間，熱血澎湃，卻都不敵失敗所帶來那一剎那的身心交瘁。

所有人告訴你要堅強、要勇敢、要努力，父母安慰你不想讓你有壓力，想讓你慢慢來。可是堅強、勇敢、努力之後，還是失敗收場。或許這就是命運，它讓年輕的靈魂感覺到不公平，一個人吃下苦果。但轉念一想，或許這是只屬於你的安排。上天用盡方法設下路障，阻礙你成就自己，是因為它知道，一旦你成功跨過去，你就能成就自己。

命運是一連串冗長的句子，此刻畫一個孤獨的句號，讓難過覆蓋過你以後，再冷靜的繼續把該寫的寫完，該走的走過。

在我看來，用時間換回應得的成功，從來不是件丟臉的事。它和勇氣、決心，還有每個人心中那個最初的自己有關。

我大聲問自己，為什麼我這麼笨，為什麼只有我學不好？上天沒有給我答案，它只是下一場雨，看著我狼狽的跑回去，嚥下所有的不甘心，再次重新開始。我想，這也許是最好的答案。

在過去的人生中，我常常陷入「別人都是人生勝利組，而我則是一敗塗地」這樣的困窘之中，後來我僥倖的把它歸咎於命運。獲勝的那些人，只是比我們早一點看見星星，我們或許需要在晝夜多跋涉好幾回，但跨過去，我們也能獲得布滿星辰的天空。因為我始終相信，命運從一開始就注定要被人改變。

我害怕失敗、害怕時間換不回想要的結局，但是在命運面前，這些都變得微不足道。

第三章

走很遠，是為了更有底氣的走回去

十八歲的我，
如願以償去了很遠很遠的地方。
到了二十三歲這年，
才恍然明白，
原來走很遠不是為了逃開，
而是為了更有底氣的走回去。

17. 她們為什麼要留在大城市？

最近有一部叫做《東京女子圖鑑》的日劇很紅，講述的是一個來自小城鎮的女生到東京，並在那裡生活二十年的成長故事。故事中提到的現實面，讓很多人產生共鳴。

把女主角綾放在中國來看，就是無數個正在北上奮力打拚的女孩們，她們身上有許多共同的特點：都來自小地方，渴望擁有大城市裡光鮮亮麗的生活，充滿改變命運的慾望和鬥志。

當女主角穿著土氣的廉價服裝，看到都市裡打扮豔麗的女生時，這之間形成的反差引起很多女生的共鳴。大部分剛到大城市上學、工作的人，都經歷過這種強烈對比帶來的差異。

之後，女主角一邊適應這種差別，一邊打拚，在主角光環的加持下不斷升遷，但感情卻不順。她的男友年薪很高，住的地段又很好，卻以不婚為理由，玩弄女主角的感情，和另一個出生在有錢人家的女孩結婚了。

接下來，女主角又花了很多年，又是做別人的情婦，又是包養小鮮肉，最後遇到只會和同樣是有錢人家結婚的土豪。最後，女主角在別人的啟發下終於弄懂，自己是戰勝不了那些一出生就已經站在終點的女人。

看到這裡，我想起身邊一個很有意思的同事。之前寫過一篇文章，有講到一個同事特別愛買名牌包，寧可吃泡麵省錢，只為了買一個 Gucci。

就叫她 Gucci 小姐吧。有次跟她聊到貧富差距的話題，她跟我分享她大學時，有一次當家教的經歷，請她當家教的家庭住在廈門的豪華別墅區。

要教的對象就讀高一，第一次見面的時候，Gucci 小姐問小女孩平常有什麼興趣，女孩一臉天真的回答：「去迪士尼。」Gucci 小姐聽到這個答案一臉訝異，以為這個年紀的小孩，無非就是喜歡跳舞、畫畫之類的。

小女孩一臉幸福的提到她去過全世界哪幾個迪士尼、哪間最好玩，還興奮的拿相簿出來，最後反問 Gucci 小姐：「姐姐，那妳去過迪士尼嗎？」從河南一個農村考到廈門大學的Gucci 小姐，去過最大的城市就是北京和上海，那時候上海迪士尼還沒蓋好呢。Gucci 小姐當時尷尬的搖了搖頭。

接下來換小姑娘很驚訝：「不會吧！姐姐，我們全班的同學幾乎都去過迪士尼。」Gucci 小姐那刻也不知道該說什麼才好。第一次見面結束在回宿舍的公車上，她的腦袋裡一遍又一遍回放著小女孩的問題，彷彿沒去過迪士尼是件令人不解的事。

由於土豪的父母給的薪水很高，Gucci 小姐還是堅持下去。當家教的同時，Gucci 小姐也看見出生在富裕家庭中的小孩，他們的成長環境。段考進步一百名，媽媽就買一個 Gucci 包獎勵她。小小年紀，已經用到歐美品牌的保養品，一瓶眼霜的價錢就夠 Gucci 小姐要死要活的當兩個月的家教。

那時才十九歲的 Gucci 小姐看到這一切的時候，覺得很新鮮。漸漸的，這種新鮮感伴隨著她對於高級物質的了解，變成一種渴望。她也開始會購買時尚雜誌，根據當季流行的顏色，從淘寶挑差不多的款式。當年從小地方來到大城市的那種俗氣，在都市生活一年又一年的塑造之中，逐漸被縮小化。

Gucci 小姐講這個故事給我聽的時候，她才剛買新包包，那款包包花了她三個月的薪水。她說人家十五歲就有的東西，想不到自己要到二十五歲才有，而且還這麼費力。Gucci 小姐身上，多少有《東京女子圖鑑》女主角的影子。她不會刻意掩飾虛榮心和對物質的渴望，似乎擁有這些，才能意識到，自己逐漸變成「理想中的大人」，獲得一種「理想的生活」。

這部戲劇裡赤裸裸的現實，暴露著女性的慾望，這種慾望多數時候被虛榮心包裹著。它很鋒利的展露出，現代的女孩迫切想要打破固有階級、向上爬的心理。同時，這個心理不僅是對貴族生活的嚮往，也有女性意識的覺醒，想要透過努力工作、升職，實現自己的價值，而不屈服於婚姻和育兒。女權一旦和正能量結合，往往能成為眾多女性的致命藥。

仔細想想，這部戲劇有許多時刻為了虛榮心、消費主義，做勵志的「嫁衣」。穿名牌衣服、背名牌包、吃高級餐廳，成為女性追逐完美自我的重要標誌，這種幸福感會像糖衣，讓人迷惑。

但看完這部劇，我想我還是寧願穿上這件糖衣，因為物質真的是人類再平凡不過的慾望。雖然平時人們並沒有將它掛在嘴邊，但當你看到別人過著比你富足的生活時，這種近乎本能的慾望，很難不讓你的內心感到澎湃。

我就是愛慕虛榮，覺得當自己帶著好幾萬元的皮夾時，慾望就會得到滿足。人有權利追逐自己所愛的東西，只是有時候會走錯路。

剛來大城市的女主角想要達成的目標，有一部分是希望能找到一個有錢的男朋友。所以，在她無數次不完美的戀情中，好不容易和有錢人在一起卻被甩，又好不容易和有錢人結婚，卻因對方劈腿導致離婚。女主角也很明確的表達自己「愛情、事業都要兩得意」的目標，可是當虛榮的慾望介入愛情，通常都沒有滿意的結局。

我身邊也有那些年紀輕輕就嫁給有錢大叔的女生，她們很快變成「闊」太太，卻和人生重要的環節脫鉤了。這個環節就是靠著自己的勤奮，一步步靠近目標、慢慢滿足慾望。這就是為什麼當這部戲的女主角最後感情宣告失敗，這二十年的東京生活仍然能讓她充滿正能量的原因。除了虛榮心之外，還有這個漫長的奮鬥歷程帶給她人生的真實感。

女主角雖然想找個有錢人嫁了，但她的確也靠著自己的努力，當到品牌總監。

好與壞不能從單方面來看，但其中的慾望，既展現合理的人性，也演變成奮鬥的催化劑。

不可否認，貧富差距讓很多人一出生，就站在別人需要奮鬥一輩子才能到達的終點，原生家庭帶給一個人的回饋，很大的程度上會左右這個人對未來的行動力。所以當這部戲劇終時，雖然帶著些許的沮喪和辛酸，但這二十年的過程，也為多數人帶來正面影響。那就是，無論何時何地，也不管你是誰，**大城市從來不會否定你奮鬥的意義。只是如何才能獲得想要的東西，它會用淚水和耳光教你。**

Gucci小姐時常也會想嫁個有錢人，可以在廈門買棟房子，這些被她視為理想的東西，那個讓她教過的小女孩，可能永遠不懂，也不需要懂。這種差距很赤裸，它催生著慾望的誕生，也塑造著一個個不認命的靈魂。

18. 既然選擇了，我就回不去了

泡麵小姐其實一點都不喜歡吃泡麵，有天她在搭地鐵回家的路上，在車廂裡餓到不行，於是她第一秒想到的，就是回到家一定要先給自己煮碗泡麵。

泡麵小姐和我是同一個老鄉長大的女生，小時候特別聰明，國中連跳兩級，大學考到北京一間很厲害的學校，她爸高興的辦兩桌酒席。當我即將從大四畢業的時候，她其實已經在北京工作一年。

泡麵小姐其實有個好聽的名字，可是後來再見到她的時候，她說她改名了。我問她為什麼要換名字，她說原本的名字太俗氣，不好聽。後來她似乎換過很多名字，但戶口名簿上的名字從來沒變，還是那個她覺得俗氣，我卻特別喜歡的名字。

某一年，我去北京出差的時候，跟她碰到面，她請我吃麻辣燙。離別時，她幫我叫車送我回家。我在上車的那瞬間，看見她向我揮揮手，車子一離開，她的背影很快便淹沒在地鐵門口的人群中。

那個時間，北京無數的空巢青年剛從都市商業區加班回來，像一群集體等待歸巢的螞蟻，在地鐵門口排隊，等待踏上那列沒安全感，卻能帶他們回家的地鐵。

泡麵小姐就是其中一個。泡麵小姐為什麼叫泡麵小姐呢？不是因為她喜歡吃泡麵，而是因為她討厭泡麵，卻不得不吃。吃麻辣燙的時候，我問她要不要加麵，她一臉快要吐的表情。

她說她過去一個月幾乎每餐都吃泡麵。我問她為什麼，她說一個月前她被一家律師事務所資遣，原因是在整理資料的時候，不小心忘記列印一份相當重要的證據。這個小錯誤，讓事務所當時接的案子打輸官司，老闆對著她發飆，說她就算是名校畢業，仍然是個垃圾。她個性很直接，在辦公室跟老闆起衝突，但再怎麼回擊，都改變不了後果。她捧著裝滿個人物品的紙箱，灰頭土臉的回到租屋處。

泡麵小姐講這些的時候，也只是笑笑，把眼前麻辣燙裡那塊肥大的培根，緩慢的塞進嘴巴。我能察覺出來，她少了那些年的鋒芒。

從小到大，她一直是我們父母心中的楷模。成績好又聽話，長得也很清秀，似乎從出生開始，就注定成為大人口中「別人家的孩子」。過了那麼多年以後，很少有人再提到她，因為大多數的我們，都不知道她過得如何。

像曾經照耀著許多人的一道光，看著別人長大、看著樓房拆完又建、看著空氣品質慢慢變糟，卻在某天突然消失。

她說自己混得太差了，即便是讀名校最有名的領域，還是沒辦法過上想要的生活。泡麵小姐的父親希望她回家考個公務員或是當老師，不用過著那麼拚命的日子，最起碼餓的時候還能吃到父母親手做的菜。她爸勸了很多次，她也拒絕很多次，最後似乎是建立某種默契，誰也沒再提起這件事。

我問泡麵小姐，為什麼不想回去，她搖搖頭，慢慢咀嚼嘴巴裡的食物。她說，如果回去，就代表自己輸了。從小到大都這麼優秀的她，怎麼能認輸？

那晚我不是很理解她的結論，直到某天，我即將離開廈門的時候，突然領悟她說的話。從小到大，很多人都走在某種設定好的路線，當他長大，遇到現實把他拉出這條路線，就算只有偏離軌道一點，他都會忐忑不安。對泡麵小姐來說，那條路就是從小到大的「優秀」，被人當作榜樣的感覺。

那天看到一個新聞提到，北京現在有好幾萬的空巢青年，留在這座不是自己故鄉的城市中打拚。看到那個驚人的數字，我在想，這些人當中或許也有著數不清的泡麵小姐、泡麵先生。我不知道他們這樣的人生對不對，但我知道此刻的他們，也許正經歷著很多人不理解的辛酸。

那天晚上吃麻辣燙的時候，泡麵小姐還叨念幾句，說自己開始想念媽媽做的醬料。自從畢業在北京工作，很少回家，快遞又很難保證醬料不會壞掉，所以自己幾乎沒再吃過媽媽做的醬料。

距離北京上千公里的故鄉，再被回憶起來的時候，想念中帶點苦澀。這是成長的代價，也是我們選擇遠離家鄉的代價。

深夜加班結束後的地鐵，裝著一個孤單的靈魂。簡陋的租屋處，藏著泯滅不掉的驕傲與鋒芒。吃剩的泡麵盒，留下的是未完成的夢想。究竟何時才會有一個地點，裝著心滿意足的幸福呢？

有時候，壓力大、心情不好，那就暫停一下吧。讓我們擱置煩惱、卸下防備，好好放鬆一下、舒緩心情。尤其對每個在城市奮鬥的年輕人而言，找到一個合適又健康的紓壓方式很重要。待收拾好心情，再重新上路。心中那股傻勁、傲氣，會等到最好的答案。

多數時刻，我心中的泡麵小姐，還是跟小時候的她一樣，優秀又充滿鬥志、堅韌又有責任感。在我們這個年紀，沒有幾個年輕人會過得一帆風順，反倒因為小困難，就轉身走回起點的人有一大把。

我不能否認他們之中的誰好或壞，但我相信，**在最想放棄的時刻，往往是最充滿希望的時刻**。

這個時代帶給年輕人驚喜，同時又讓年輕人背著前所未有的壓力。我們無法選擇時代，只能堅強面對這個時代。

19. 遠走，是為了更有自信的回家

作者的話：

這篇文章裡面的故事雖然不是發生在我身上，卻是真實存在。它來自我的大學學姐，很感謝我的大學四年能遇見她，也謝謝她允許我以第一人稱的方式分享這段經歷，讓更多人看到。謝謝你讀到這裡，不管你是一個即將走上考場的人，還是在人生某個重要關口前奮鬥的獨行俠，願你在人生的每次抉擇，都能得到一個自己滿意的答案。

十八歲那年，我想著一定要去很遠、很大的城市生活。二十三歲這年，我發現原來遠走，是為了更有自信的回家。

我至今都還記得，去年這個時候，宿舍那臺用了四年的鐘錶，指針轉得我心亂如麻。從來沒有這麼緊張過，因為幾個小時之後，剛下山的太陽會再重新爬上來，那時就得面對研究所招生入學考試的第一科——思想政治。

一年前，我的四個室友一個保送上研究所、一個出國、一個當上班族，只有我在研究所考試中掙扎。身邊有很多人勸過我另謀出路，因為這條路真的不好走。

那時，學院提供保送研究所的面試資格，我正好是最後一位拿到。公布結果之後，我興奮的跟家人視訊，看著小小螢幕裡的爸媽、外婆，他們高興的祝賀我，外婆甚至還哭了。她說：「我們家就出妳一個這麼爭氣的，外婆這輩子也算是值得了。」那瞬間，生活從未以如此幸福的模樣面向我，我覺得自己幸運極了，是老天的寵兒。

三天後，就在我即將準備去面試的前天，系統裡面跳出通知，說當時確定保送研究所的成績計算有誤。已經拿到面試資格的人，全部一臉驚恐。學校祕書安慰我們說，別擔心，只有一位同學的成績有錯，大部分的人排名都沒問題。

「幸運至極」的我，再次被砸中。那位同學的成績更正後，順利進入名單中，在她之後的人排名都要順延，於是我的面試資格就這樣沒了。應該很難想像，三天前我還對著視訊裡的長輩炫耀，三天後的我，不知道該怎麼解釋這件事。

我爸在電話裡不斷安慰我，一旁還能聽見媽媽在嘆氣，嘆息聲就像一根一根的針，狠狠扎進我的肉裡。

我是個不怎麼會規畫人生的人，但在掛斷那通電話之後，我做出人生中最果斷的決定——我要考研究所。這個決定雖然果斷，但還是來得太晚。相比那些從升大四的暑假就開始匆忙準備的人，我現在還不知道要考哪間學校、什麼專業，還有，我的生活費夠不夠買那像座山的考試資料。

那幾天，我逼迫自己保持鎮靜，試著不去找原因，純粹接受結果。可是你知道的，有些事很難一秒做出決定。高不成低不就的心態，讓很多人在搖擺之後墜落。

十八歲那年，爸媽懷抱著我一定能上人民大學的目標，每天無微不至的照顧我。我媽做的紅燒肉，好吃極了，可是每吃一口，她說的那句「我們家的寶貝一定能考上人大」，總讓我舌尖走味。

我們這一代人，似乎從出生就不知不覺背上父母的某種使命。媽媽畢業於中等專業學校，爸爸高中畢業就去當兵，他們都沒見過大學長什麼樣子。我媽說她經常夢到我考上大學、離開家的時候，她偷偷拭淚的畫面。

那段時間壓力很大，但你看到周遭的人都在努力抓住最後一根稻草，你不得已也得跟著往前衝。記得有部電影裡有過一句臺詞：「讓我們一起成為懦夫吧！」想逃兵的男主角，最後還是當上將軍。就像這輩子想著大不了做個小攤販、嫁個人的我，最終還是考上一間不錯的大學。不是父母嚮往的人民大學，而是廈門大學。填志願的時候，我把我能去的學校列成清單，而廈門大學離家最遠，所以我一定要去這裡。

所幸我沒有滿足他們的期望，因為我害怕自己完成他們的夢想，接下來他們就會有更遠大的目標又等著你實現。我和他們在漫長的歲月裡，接受這個結果，雖然沒有很滿意，卻又沒到很糟。但從那刻起，我知道我必須做得更好，才能彌補中間的差距。

從他們每次跟我講完電話，都變成以「等到寶貝考上研究所，爸媽就放心了」收尾開始，我好像意識到自己身上的使命又發生某種轉變。

我很愛廈大，大學四年我很努力在學習，沒談過戀愛，也不會化妝。我想，我的男朋友、我的美好生活，早晚會出現的，就像我爸媽說的，等我讀到研究所，一切都會順理成章的送給我。可是，我好像再度讓他們，也讓我自己失望了。

二〇一五年的十二月，我在考場裡考完所有科目。走出考場時，腳跟輕飄飄的。我記得那天我沒什麼胃口，但一考完就很想吃我媽做的紅燒肉。我一個人背著沉甸甸的書包，找到一家家常菜館，可惜那家的紅燒肉不好吃。

我收拾東西，離開考試那幾天住的旅館，看到很多人已經把考試資料丟掉，但是我不敢丟，因為我對自己沒信心。

是直覺太敏銳嗎？我回宿舍大睡兩天，中間只跟父母通過一次電話，然後一個人跑去北京旅遊。我在人民大學的門口走來走去，拿手機拍好多相片，心裡默默祈禱，一定要讓我考上。直覺最終還是成真了，我沒有達到分數門檻。

父母沒有在我面前表現出很失落，我知道他們在忍耐。我媽在電話裡跟我說：「等妳回來，媽媽做紅燒肉給妳吃。」我能聽見她的語氣是在硬撐，幾秒後她就忍不住：「寶貝，妳知道女孩子的二十幾歲耽擱不起，如果實在不行，就放棄吧。」語畢，我和她都沉默很久。

掛完電話後，我獨自在圖書館對著置物櫃哭了出來。那瞬間，我好像把所有失敗和使命感帶給我的不快樂，全都釋放出來。不在乎旁人怎麼看，就像棵大樹一樣，站在旁邊默默流淚。

接下來的暑假，我沒有回家，應付著畢業的瑣事，在學校旁邊找了一間最便宜的租屋處，拿著那些我沒扔掉的考試資料。我翻開第一頁，告訴自己要重新開始。

「讓我們一起成為懦夫吧！」這句曾讓我心安的話，被我從日記裡狠狠的劃掉。二十幾歲，沒有主角光環的我，似乎連成為懦夫的時間都不多。

我的那三個室友，畢業後還曾聊過幾句，但還是走散了。

英國倫敦的下午茶、復旦大學的圖書館，還有公司加班時的外送，她們幾個都代替我看過也嘗過了，而我躲在一個小小的角落，背著那一遍又一遍被溫習的重點。依舊會焦躁不安，但好像唯一能做的事情，也只有努力。

接下來幾個月，廈門很快從秋天又到冬天。二十三歲的生日也沒有特別慶祝，只是生活裡一個又一個循環，再次變得熟悉。

我看著離考試的時間越來越少、複習的資料越來越皺，我告訴自己，這次真的不能再讓自己失望了。再過幾個小時，我又要像一年前那樣，獨自走進考場。

為了讓自己轉移注意力，我和爸媽又視訊一次。看著小框框中的他們，爸爸應該是前幾天剛理過頭髮，媽媽的白髮又多了不少，家裡的沙發套換了，空調也被套上防塵罩。

外婆也在家，她張大眼睛，使勁看著螢幕裡小小的我，笑著說：「ㄚ頭，明天好好考，等妳回來，陪外婆去爬山好不好？」我點點頭，一下子沒忍住，又掉眼淚了。爸爸叫我不要哭，不管這次結果怎麼樣，他都會為我感到驕傲。

我害怕這老掉牙的安慰太久，會讓我再次忍不住流眼淚，所以匆匆結束視訊。視訊結束的時候，網路延遲的那幾秒，我聽見媽媽的哭聲，看見她也像我一樣偷偷擦著眼淚。

不管怎麼樣都要考上，再也不能讓他們失望。你說，這是我們這代人的悲哀嗎？我好像不會急著否定，但也不想冒昧肯定。因為那年十八歲的我，生長在中國西北比較落後的城市，我想我一定要去很遠很遠、很大很大的地方。

為了到達那裡，除了背負這種笨拙的努力，別無他法。人生的每次選擇，大概都是再走回最初吧。就像十八歲的我，如願以償到很遙遠的地方。

到了二十三歲才明白，原來遠走不是為了逃避，而是為了更有底氣的回家。

20. 你是隻蝙蝠，還是隻螞蟻？

在《煎餅俠》這部電影中，柳岩和大鵬在天臺上的橋段讓我哭了。我彷彿回憶起好多年前，大鵬和柳岩還在當小主持人的時候。具體是幾年前我忘了，總之是在我們家剛買機上盒的日子。

在電影中，北京的地標隨處可見，戲裡、戲外圍繞著「北漂」[10]這個歷久不衰的話題。好在，他們已經是人生勝利組。

我大阿姨家的兒子在北京讀大學，畢業後選擇在北京打拚。前陣子沒照顧好自己，感染了肺結核，被迫把工作辭掉，回家治療。那時正好遇到過年，一行人去他們家，看著我表哥戴著大口罩，很訝異北京的空氣到底有多可怕。肺結核會傳染、

10　是指從其他地方到北京謀生，卻沒有北京戶口的人。

北漂會傳染，好像所有關於未來的迷茫都可以傳染。

表哥年紀跟我差不多大，整天吃香喝辣、和說著一口北京話的女朋友交往，沒多操勞未來要在哪扎根。那個歲數，是我們在主宰時間，還是被時間牽制，其實我們也搞不清楚，只知道當下要把青春該流的汗全都流光。

我很敬佩表哥，因為在我爺爺、姥姥家所有跟我同輩的孩子中，他是唯一一個選擇北漂的人。當然，他在北京的生活沒有想像中那麼慘，也有一份靠譜的工作，慢慢從地下室搬到一間稍微好點的租屋處。每天呼吸著不乾淨的空氣，坐計程車趕地鐵。他也曾幻想過在北京有個家，但後來也只是想想而已。

廈門與北京相隔幾千公里，是個被颱風肆虐的城市。它的環海公路每天吸引著來自四面八方、數以萬計的遊客，我也是其中之一，見識過它白天擁擠的美麗、夜晚的蕭瑟和髒兮兮。

雖然戶口隨著升學遷到廈門，但我明白，對這個城市而言，我是個比一般人還了解它美麗之處的遊客，但始終是個遊客。

這四年在某個角落裡，我做著自己喜歡做的事，揮霍時光。我幾乎嘗遍學校商圈裡所有的攤販和餐廳，偏愛的是某家日本料理和拉麵。吃飯的時候，我觀察過很多遊客、偷聽過許多談話，也胡思亂想過很多事。

記憶深刻的片段很多，我想一一回顧，卻發現沒辦法將他們串聯起來，最後反倒是變成翻找手機過去的自拍。

大一的時候花三個月，從一個胖子開始減肥，變成一個瘦子，然後瘋狂愛上自拍。喜歡買好看的衣服、喜歡穿梭在人群中、喜歡表現自己，像是在完成某種人生遲到的儀式。那段時間，我很快樂，一下子體驗和從前與眾不同的人生。

二〇一〇年的冬天，我一學期內在不同城市來回飛了很多趟，一度對這樣的生活上癮。每到一個地方、每參加一次活動、每次遇見新朋友，我都覺得自己不再是個自暴自棄的胖子。我彷彿找到人生的希望，成為一隻可以翱翔的蝙蝠。

我的表弟之前參加升學考，舅舅讓我幫他補習一個星期，我盤著腿坐在房間裡和他講故事，跟他說不能輸，不能考不上高中，也不能從這一刻就走上人生的另一個方向。舅舅是個很凶的人，聽到我這麼說，再聽到他兒子信誓旦旦的表態，似乎找到安全感。結果，我的表弟還是沒考上高中。你不能說這樣的人生不好，只是缺乏安全感，因為它讓你感到迷茫。

大二結束後的暑假，我回外婆家的那天，舅舅一家人從香港剛玩回來，面對孩子的學業問題，已經懶得再囉嗦幾句。

迷茫是會傳染的，我的表弟大概也會迷茫自己在開學後，將會面臨怎樣的情境，大型的機械、空蕩的廠房，還有甩不掉的文化課。

談到這些事情的時候，他總是沉默不語，這畫面和幾個月前的冬天，我坐在留學中心的小圓桌前很像。留學顧問說得天花亂墜，在紙上流暢的寫著申請門檻。我心裡很緊張，眼睛就直盯著筆頭上的圓珠子，像個傻瓜似的。

其實也知道自己在擔憂什麼，距離目標的落差，不斷敲碎我的自信。這種感覺很可怕，和以往不同，現在的你有自由支配的權力，但人往往不就是這樣，站在一望無際的沙漠中，才發現根本不知道哪裡才是求生的方向。

留學顧問是山東人，西裝筆挺，電機系畢業後去法國學語言，現在在廈門成家立業。一副「這輩子就這樣」的樣子，嘴巴碎碎念著終於付清貸款。

後來，我們一個個都準確的變成時間鐵蹄下的囚犯。變得容易感傷、變得需要喝下心靈雞湯，經常因為一些簡單的原因，或是因為某些人的言論，就變得鬱鬱寡歡，想從世界逃離。

在找不到方向，或是在迷惘時，人多麼容易轉過身去，背對著萬世的燈火。晚上我媽坦蕩的跟我說，寫作不能成為你吃飯的主要工具，我吭聲答應，心裡卻抱持著一絲僥倖。

身邊有太多靠這個生活的人，他們有的成功、有的失敗，有的透明、也有的光彩。我時常會把自己放進他們的生活中，試想著如果自己的將來就是這樣，會是如何呢？

如果兩年後，我沒有拿到一張錄取通知書，我是不是也會走進這樣的生活？這一點心裡的僥倖，似乎又因此被澆滅了。

所以我的方向是找到折衷的辦法，無數次像這樣偷偷對自己說實話。如果不行，就再試一下，如果還是不行，那就認命。這樣的我好像不再是一隻蝙蝠，而是一下子變成螞蟻，踽踽而行的螞蟻。

也許這就是所謂的成熟吧。我不再那麼迷戀自拍，將手機中的修圖軟體一個個刪除。開始習慣用文字代替圖片，學會假裝樂觀，慢慢埋藏自己的真實情緒。就算找不到伴，也學會一個人吃飯、偷偷看場午夜電影。

我也出現人群恐懼症，害怕突然一回頭，會看見匯聚成海洋的目光。有次，我從超市買完東西回學校，腿不小心撞到石頭，一下子劃出好大一個傷口，痛得我內心慘叫一聲。我隨即放下挽起的褲腳，遮住傷口繼續往前走。

「勇敢不代表不緊張。」這是《煎餅俠》主題曲的一句歌詞。時間很厲害吧，它讓每個人都卯著一股勁兒活著。我想在未來兩年的每個夜晚，我仍然會失眠，想著終於獲勝的自己，在人生的十字路口笑成一朵花，同時也想著，一事無成的自己，默默沉入匆忙的人群。

我是個有點強迫症的人，知道計畫趕不上變化，但沒有計畫的生活，或許很難有曙光。在你意識到時間已經踏過你的時候，要即刻翻身，因為你需要比別人更清楚，你不是隻螞蟻。

21. 因為熱愛，所以執著

以前有一個讀者加我的微信。這個女孩的年紀和我差不多大，她說她花了一整晚，把我的推文全看完了。她傳來一個表情符號，說道：「你應該是個很努力、很幽默，又很多愁善感的男生，可是，我還是不了解你。」

現代科技的發達，讓互聯網可以在三分鐘之內迅速識別一個人，他的朋友圈能告訴你這個人最喜歡去的餐廳、他的推文又能透露他曾經喜歡過一個人。然而，真正了解一個人，捕捉到他的敏感與脆弱，並非僅是看完他的朋友圈、讀完推文這麼簡單。

她問我為什麼要公開自己的私事，我說是為了分享生活，也想讓大家看到生活裡的我究竟是什麼樣子。「其實沒有多少人會像我這樣，在琢磨一個陌生人這件事上浪費那麼多時間。」我很喜歡這個女生的直接。她建議我不妨寫篇文章，專門寫寫自己。

也是，好像寫了很多故事，這些故事不管是真實還是虛構，大多是在梳理別人，還原別人的生活。我像個打板師，存在於每個鏡頭的一開始，最後卻統統要被丟進回收桶。

這其實也是每個寫作者的命運，不只是我。他們躲在文字的背後，用情感和技巧為平淡的生活著裝，不斷調整領帶和頭髮，最後再小心翼翼的將它們推到每一張紙、每一塊螢幕上。

我在廈門大學念的是漢語言文學[11]，上文學概論課時，老師曾與我們討論「文學天賦與後天努力」。天賦對一個寫作者有什麼意義？如果沒有天賦，透過後天的培養、學習，可以產出一個合格的作家嗎？

我記得我在那堂課上的回答是，教育可以將一個不具備天賦的人，培育成一個合格的作家，卻不能讓他成為一個出色的作家。當然，這個觀點沒有正確答案，支持與反對它的人各持己見。但這個議題，卻常讓我思考，我是一個具有這種天賦的人嗎？

小時候，我的夢想是做一個兒童頻道的主持人，終極夢想是登上春晚。於是，小小年紀的我，拚命寫信給兒童頻道的小鹿姐姐，盼望她有天可以在節目裡提到我的名字。

曾經看著紅果果、綠泡泡這批年輕人參加兒童頻道的主持人選拔，層層晉級，終於得到自己的節目《智慧樹》。幾年前，得知紅果果、綠泡泡結婚的消息，才突然意識到原來我和當年的夢想，竟相隔那麼多年。

在這個名叫「那麼多年」的概念裡，藏著無數次倒戈與變化，這其中有投降，也有抬頭昂揚。但在這個簡單的詞語背後，我邊走邊弄丟很多東西。

小學和國中學了五年的美術，素描作品曾拿過某個「野雞」青少年美術大賽的獎座，這件事被父母拿出來驕傲的提過很多遍。那張單薄的獎狀籠罩著的時光，是

11　主要培養掌握漢語和中國文學方面基本知識的人才，透過相關理論、發展歷史、研究現況等方面的系統教育和業務能力的基本訓練，可在科研機關、高等院校從事研究、教學工作，有的可從事對外漢語教學。

每個週末去少年宮[12]，學完電子琴學素描，素描畫完換油畫，油畫下課背起小書包去上珠心算，珠心算搞定再準備去學劍橋兒童英語。

我年少的歡喜，不是喜歡上某個人，而是在學校的演講比賽又拿第一名。時至今日還記得，那場比賽每學期辦兩次，每次都選在星期五下午，比完賽就放學。我媽會提早在校門口等，聽我大聲且面無表情的背誦「我們是祖國的接班人」、「地球母親在哭泣」諸如此類的演講稿。

每次比賽我都拿到第一名，讓我一度成為同年級的名人。當我成為班長，監督其他同學，誰不聽話就狠狠扣他的分數。那段時間，享受到權力帶給我幼稚的快感，覺得自己真是個能幹的人。

我拋棄掉所有的「才能」，是因為國中開始過上封閉式的寄宿生活。漸漸的，我忘記素描如何畫出筆直的線條、彈奏不出兒歌《我是一個粉刷匠》，連珠心算的小算盤也早就不見蹤影。

大概就是在「失去」的過程中，上學開始變得很無聊，除了每次考到班級前三名之外，找不到任何有鬥志的事。後來，因為班導師經常朗讀一個女孩的作文，我開始心生嫉妒，希望班導師也能讀我的作文。

於是國中的作文裡，我開始瘋狂使用「旖旎」、「氤氳」這種現在絕對不會把它放進作品裡的詞，在我預料之內，我的作文被班導師用那不標準的普通話朗誦。我的表演慾第一次被滿足，伴隨著我交織的成就感。

國中在《少年大世界》這本雜誌，發表處女作《那時花香》，班導師把郵局的稿費單遞給我的時候，覺得自己像個大明星，上過春晚的那種明星。想著這本全校訂閱的雜誌，每本都會印上「王宇昆」這三個字，我輕撫夾在書本裡的書籤，小心翼翼的翻給同學看，還再三聲明：「不要給我弄壞了！」

可是，書本還是被弄壞了，有個討厭的男孩不小心讓它掉進水裡。我拿著這本被浸溼的雜誌，強忍著淚水說：「沒關係，在暖氣上烤一烤就好。」

第一次總是最重要，重要到之後的第二次、第三次都變得很尋常。發表處女作的那年，我才十三歲，從那以後，「投稿到發表」占據我很大一部分的生活。我看

12 社會主義國家中向少年兒童提供課外活動的公共建築，例如：技能培訓、提供文藝活動等。

著印有我名字的雜誌，一本接著一本，郵局寄來的匯款單一張疊一張，覺得自己終於找到熱愛的東西了，比考一百次班上前三名都還愛。

那時候我取了一個很幼稚的筆名——寶小盒，採用時下最流行的取名字格式「A小B」，將一個固有的名詞拆開，中間插入一個「小」字，就會有股洋氣。

後來，費盡九牛二虎之力，考上我們這個小城市最好的高中，同時也成為這所高中裡最差勁的學生。我爸媽一度認為，是寫作耽誤我原本優異的學業，甚至幫我報名一小時人民幣一千元的天價輔導班。

很長的一段時間裡，我都在偷偷寫東西，在笨重的電腦前用「查找學習資料」的幌子，在Word裡敲下一行又一行的字。中間也被發現過幾次，我爸憤怒的直接把總電源切掉，剛打好的幾頁文字，還來不及存檔就被送上天堂。

或許是因為這段光陰，讓我不僅沒有放棄，反而生產力變得更高。高中時，我發表過幾十萬字，許多那個年紀會喜歡看的雜誌上，都看得到我的名字和作品。高三那年，我參加第十五屆新概念作文比賽，成功拿到一等獎。

那是我第一次去上海。因為還未成年，父親執意要陪著我。我記得我們在城隍廟附近迷路、記得吃小楊生煎時不小心把湯汁濺到身上、記得在東方明珠裡吃的那三顆義大利手工冰淇淋球。

那大概也是我人生中為數不多的幾次，充滿儀式感的時光。在十五屆新概念的頒獎典禮上，在念一等獎的名單時，我聽到自己的名字，激動得像中樂透。坐在我旁邊的青島姑娘，只拿到二等獎，我拚命安慰她，但她還是拚命哭。

幾家歡樂幾家愁，永遠是人生給每種成功增添的必要條件。

那年大概十六歲，感覺自己一下子飛上天。我拿著獎杯和證書，第一次感受到距離夢想這麼近。從那開始，我似乎有點名氣，開始有自己的讀者，名字和作品也被一些人傳閱。

那時候許過不成文的願望，希望將來可以出一本自己寫的書，這個小小的夢想一直悄悄收藏著。在它保持沉默的光陰裡，我又拿到很多座文學比賽的獎項，發表作品的雜誌一本接著一本，我專門存稿費的銀行帳戶，餘額也一點一點增加。

考上廈門大學算是一個轉捩點。我從落後的三線城市，闖入廈門這座愜意的城市。身邊有很多同樣熱愛創作的朋友，生活環境也提供自由寫作者適宜的溫度。

十八歲那年，我出版人生中的第一本書，是一部長篇小說。那時，我被人稱為同齡寫作者中最有成就的人之一，減肥成功的同時，又讓我增加不少自信。所以那段時光，一直被我認為是最幸福，同時也是最後悔的時光。

迄今為止，二十歲的我已經出過五本書、拿過香港青年文學獎，但在這些看起來精彩的成績之下，我還是被超越了。在沉醉於驕傲和自滿情緒的時空裡，我所做的努力不過是重複之前的步驟，沒有任何新的嘗試。

當我看到同齡的寫作者，一個一個展翅高飛後留下的背影，很多時候會讓我陷入心酸的處境之中。

人生本來就是一場鴻門宴，不管是不是酒足飯飽的宴席，舉杯投箸之間都是人生的喜怒哀樂，這四種滋味催生出生活的表現，又深埋生命的哲理。廚師煮飯，大概和詩人煮意相似。一杯一盞，一字一句，都是無盡的意。

我想，寫作是我一生的執著，為了這番熱愛，一切都值得等待。

22. 你有權利選擇所愛，但要理智的去愛

之前在臺灣當交換學生的時候，有次跟朋友去逛一〇一大樓的購物中心。我們在琳瑯滿目的名牌店之間徘徊，看著被燈光打得金光閃閃的店面，店員彬彬有禮的站在店內，迎接前來購物的顧客。

除了像我們這樣走馬看花的消費者，多數時刻，這些店面都很安靜。店員整理著昂貴的包包，就算擺放的位置已經夠端正，還是會調整好幾次。

朋友問我：「怎麼沒看見有人來買啊？這些奢侈品店怎麼養活自己？」她問我這個問題的時候，我們已經逛了快一天，兩個人坐在商場中央的長凳上休息。

我對她說：「這些店當然能養活自己啦，而且只會更好，不會更糟糕。」朋友一臉疑惑。「你看那些走進店裡，走兩步就看個兩眼的顧客，基本上是不會買這些奢侈品的。而且，這些品牌的主要顧客也不是這群消費者。只有那些帶著一疊金卡

的貴婦，才是支撐這些品牌活下去的人。」她一臉天真的說：「那我也要努力變成貴婦，把這些店鋪都買光光！」

我對這句話特別熟悉，因為我有一個同事，也曾說過一模一樣的話。

之前在一家媒體出版公司當編輯的時候，有一位小姐姐跟我一起負責一個公益案子。我曾看過她午餐連續吃一個月的泡麵，只為了買一個LV的包包。原本以為只會出現在電視中的劇情，原來在現實生活中確實存在。

幾年前，我一直不理解人們對奢侈品的狂熱。直到這幾年，到很多地方跟社會進一步接觸，才發現這種渴望不是沒理由的。

那位小姐姐跟我說過：「之所以喜歡這些，只是想給自己本來就平庸的生活，多一些安全感。包包這東西，替女人分擔很大一部分的不自信，當你為一個喜歡的包包努力賺錢的時候，是最快樂、最有動力的時刻。」

一些人對於奢侈品極盡變態的追求，也許是為了滿足虛榮心、也許是為了填充缺乏的安全感。總歸來說，**人有追求自己喜歡事物的權力，當一個人竭盡全力去追逐所愛時的身影，總是動人的。**

當然身邊也有那種幸運的女孩，找到富二代的男友，買名牌包只需用手一指，再撒個嬌。作為旁觀者，暫且不去評判這些人誰對誰錯，因為每個人都有不同的滿足方式。只是，當我看到為了省錢買包而骨瘦如柴的女孩，總會感到有些心酸。

主流的價值觀，往往會抨擊這些追逐奢侈品的人，覺得他們拜金，認為他們是社會中攪亂價值的族群。但在我看來，我們不能因為其中一些人的錯誤行為，例如炫富、浪費，而否認追逐高級感的權力。

以我父親為例，作為一個傳統的男生，總是不能理解為什麼我經常要送包包給我媽媽。但是在我眼裡，如果能看到我的母親因為願望實現，臉上浮現喜悅，我會比實現自己的心願更幸福。

那個每天不吃飯，只為了省錢買包包的姑娘，或許不能被所有人理解，但又何必苛求每個人都得懂她呢？滿足自己的心願，追逐自己所愛之物，用自己細微的努力，看著銀行存款裡的數字一點一點增加，這個過程，本身就是充滿陽光的。

重要的是，每次付出與得到的過程，實際上都是給人生一次又一次的機會，讓我更努力追求自己想要的人生。

23. 我們漸漸長大，也漸行漸遠

某年清明節連假的前幾天，突然接到將近八年沒見的朋友電話。有點認不出她的聲音，我在電話這頭想像著她的樣子，會不會變漂亮了？小時候長水痘留下的疤痕應該還在吧？

我們在電話裡問候對方，像一通來自陌生人的電話，倘若不是她叫了一聲我兒時的外號，我仍像是錯置在一場莫名其妙的寒暄之中。

電話的結尾，她說清明節想來廈門走走，知道我在廈門讀書，所以想和我見個面。答應她的前一秒，我確實是猶豫了，不知道該如何以「老友」的身分，面對這個在我生活中已經消失八年多的她。記憶中，我們共同存在的畫面，已經被接踵而至的人生，壓縮到極限。

可是我還是答應她了，在她說：「我把孩子放在他外婆家了，就我一個人來廈門。」的時候。與她同齡的我，在得知她已經有一個兩歲多的兒子時，心中的驚訝與錯愕互相糾纏。

我沒有再多過問，但是我知道過去這八年，她一定經歷許多我無法想像的事。暫時叫她挑食小姐吧，因為在我的印象裡，她是個特別愛挑食的女生。挑食到什麼程度呢？小時候我經常去她家作客，她嘗一口飯桌上的菜，覺得不喜歡就會立刻吐出來，然後再也不碰那道菜。

從我出生開始，似乎就和挑食小姐有說不清楚的緣分，兩家的父母也不認識，卻因為在同一個醫院待產變成好朋友。就這樣，從牙牙學語到上幼稚園，再到讀國小，我身邊都有挑食小姐作伴，加上又住在同一區，所以無論上學或放學，我們都會一起走回家。

挑食小姐的父母是做生意的，經常會去外地出差。每當這個時候，挑食小姐就會來我家吃飯，一起寫作業，寫完作業再一起看一集《武林外傳》，然後依依不捨的看著她回家。

小時候的我，覺得挑食小姐是個不管做什麼事情都會自帶出場音效的女生。青春期的她發育比我快，差不多到三、四年級的時候，身高就已經高出我半顆頭。有時候在學校，我被高年級的那些男生取笑、欺負，挑食小姐就會拿著教室後面裝滿水的鐵桶潑他們，潑完還煞有介事的讓我先跑，她斷後。所以那時總覺得只要有她在，就會很安全，簡直就是一個貼身的女保鑣。

但挑食小姐也有倒下去的一天。小學快畢業的那個學期，挑食小姐長了水痘，不能上學的她只能每天待在家，然後拜託我每天去她家裡把老師講的內容、出的作業再講一遍。

那段時間我一進到她家就要戴口罩，看她滿臉的水痘，雖然覺得有點嚇人，但又很好笑。我躲在口罩後面的嘴努力憋笑，眼睛仍保持鎮定，怕被她看見。

有天，挑食小姐的媽媽打電話給我，說以後不用再拿作業給她了。我很開心，想說應該是因為要康復了，於是滿心期待的等著某天早上可以跟她一起上學。

但是，在那通電話之後的幾天，我始終沒有等到她。就在我連續好幾次敲她家門都沒人應門時，我才意識到事情似乎不是我想像中的那樣。

從此以後，挑食小姐消失在我的生活中，教室裡屬於她的桌子，被搬去講臺旁邊，專門用來放考試卷和粉筆盒，小學畢業照上也沒她的名字。

挑食小姐搬家後，從父母那裡打聽到，好像是工作的關係。我想盡各種辦法聯繫挑食小姐，想知道她究竟搬去哪，可惜依舊沒結果。

就這樣，彼此音訊全無的過了八年。這八年對我來說，大概就是讀完國中、高中，大學也已經念完一半。

這段期間，我的生活像一列高速運行的火車，不斷與新的站臺相遇又離別。每段旅程會遇到新的人，每到一個新的站點，伴隨的改變不僅更加成熟，而且也更了解這個世界。就在我以為我還了解挑食小姐的時候，八年後的見面顛覆我的想像。

我們約在公車站見面。如果不是她大聲喊我的綽號好幾遍，在人群中我根本找不到她。

才剛二十出頭的她，留著一個馬尾，跟她打招呼的時候不小心瞥見她黑髮中被蓋住的幾根白髮。我們擁抱、微笑，然後發現曾經比我高出半顆頭的她，現在只到我的肩膀。

她沒有化妝、面色微黃，笑起來的時候有魚尾紋，臉頰一側長了一些斑。寒暄的時候，我悄悄打量她的樣子，和我想像中的不一樣，倒是和電話裡那位說著笨拙普通話的「媽媽」很契合。

我想到身邊那些二十歲出頭的女生，頂著空氣瀏海，一臉粉嫩，再伴著細長的眼線。腦海中自然形成的反差讓我更好奇，這些年，挑食小姐過著怎樣的生活？經歷了哪些事。

想到接下來的幾天，我們要一起度過，就想著一定要把那錯失的八年狠狠補回來。我帶著她去吃我吃過最好吃的小吃，走遍廈門的大街小巷，可當我試著找回小時候那種一起放學回家的感覺時，卻發現再也回不去了。

當看到長得不錯的路人經過身旁，挑食小姐會暗諷：「化濃妝的女生，肯定不是多好的人。」挑食小姐無數次拉著我離開，只因為食物上標示的價格；因為自己插隊和其他人發生口角的她，不但沒意識到自己的錯，開口卻是令人訝異的髒話；看到路邊有甜品試吃的她，竟然拉著我來回陪她試吃四、五次。

雖然知道出現這樣的想法很過分，但我當下有很多時刻，都滋長出厭惡她的念頭。她就像《紅樓夢》裡的劉姥姥進大觀園，但礙於是朋友，只能遷就她。

直到某天晚上，我一把抓住試圖闖紅燈的她。在她被我拉回來的那瞬間，一輛汽車高速駛過，如果當時沒有伸出手，真的不敢想像接下來會發生什麼事。

我們沿著沙灘散步，回憶小時候一起上學時，學校裡發生的趣事。因為年代久遠，我們兩個人都記不清了，只知道彼此正強迫著自己找回那些零碎的片段。

我好奇問她，在離開的這八年，過著怎麼樣的生活？她突然停下腳步，看著漲潮的大海，沉默許久，然後發出一聲感慨：「廈門真的太美了。」之後，便是一句長嘆。

那年的挑食小姐，在城市裡過著還不錯的日子，身邊有她喜歡的小伙伴和愛她的父母。可是有一天，父母的生意出了問題，於是他們關掉城裡的店面，一家人搬到農村。

這個決定是父母選擇的，沒有過問挑食小姐的意願。搬回鄉下的挑食小姐，在鎮上念國中。國中畢業因為考試落榜，父母就幫她找一間技術學校學功夫。在學校，她談了人生中的初戀，可惜好景不長，那個男生劈腿，之後拋棄她去了外地。

後來勉強讀完技術學校，便在鎮上找一家工廠上班。工作很簡單，就是每天在車庫裡負責編織毛絨公仔。越來越熟練的她，後來一天可以做好幾百個毛絨玩具。

緊接著，挑食小姐在工廠裡認識一個男孩子。比她大五歲，長得還可以，對她也特別體貼，經常帶她去鎮上買衣服、吃東西，久而久之兩個人便決定在一起。

像是上學的時候看歷史課本後面的編年史，坐在沙灘石階上的挑食小姐，把那些年的故事，一點一點在我面前拼湊。

海風迎面吹過我們的臉頰，我看到挑食小姐瞇了瞇眼睛。「你一定很好奇，為什麼我已經有一個兒子吧。」我對她笑了笑、點點頭，心裡想著還是被她猜中了。

她用手把隨風飛舞的頭髮撥到耳後，緊接著，又是一聲嘆息。「我未婚懷孕，我爸知道以後很生氣，要不是我媽幫我求情，恐怕就要被趕出家門了。你知道我生活的那個村子很小，這種事一不小心就會傳出去，農村人的思想又保守，到時候大家肯定會在暗地裡罵我。

「不過，我當時真的很喜歡那個男生，所以就跟他說不然我們結婚吧。他一開始不太願意，我只好跟他說實話，當他知道我懷孕後，便一直吵著要我去把孩子拿掉。他這樣對我讓我覺得很傷心，所以我就在工廠裡因為這件事大鬧一場，經理知道事情之後，就把我們都資遣。結果，那個混蛋跑了，還把所有的聯繫方式都刪除。

「我不忍心，所以沒把孩子拿掉，最後還是生下來了。但因為我一意孤行，爸媽跟我斷絕關係，不讓我再回家。後來我在鎮上開一間小賣部，勉強一個人維持生活。這次來廈門玩其實不是為了散心，而是因為我媽說我爸生病，要我回去看他，但我不想回去，所以想說跑到一個更遠的地方好了。」

說完，挑食小姐拍了拍我的肩膀，起身朝海邊走去。我心裡一直等待揭曉的謎底，在那刻真相大白，比起驚訝，反而是大片的苦澀將我吞噬。我的視線中，她的背影逐漸縮小，彷彿再來一陣風，就能把她吹成碎片。之後也試著勸她幾句，想讓她回心轉意回家一趟，但她卻完全不理。

旅程的最後一天，我們在鼓浪嶼上的一家餐廳吃飯。酒足飯飽之際，我問她一個問題。我說妳現在最大的夢想是什麼？挑食小姐思索幾秒，然後說：「嫁個好人吧。我這個樣子也不奢求人生能有什麼成績，可以找到一個男人，讓我好好伺候他，然後他好好愛我就行了。」

我不敢想像是什麼能讓一個二十歲出頭的女生，說出這樣的話，不再充滿這個年紀該有的鬥志，只剩下對命運和生活的遷就。那瞬間，我凝視著眼前這個曾跟我一起度過童年的女生，雙眼仍能看出兒時的痕跡。我難以揣測這些年的經歷是如何塑造她的，但是內心卻有一個聲音告訴我，眼前的她再也不是當年那個我引以為傲的女孩了。

曾看過一句話：「曾經的好朋友之所以會漸行漸遠，是因為彼此活成對方不能理解的樣子。」是啊，這八年的空白，讓我和挑食小姐擁有不同的價值觀、看待世界不同的眼光。那些在我們身上能找到的共同點，只剩下竭盡全力去回憶的過去。

我們以前會因為被老師訓斥感到難過而抱怨，也會因為彼此分享一袋零食而開心。那時的我們，總能輕而易舉的理解對方，知道對方在想什麼。如今，她的難過和痛苦，我都無法感同身受，而我的煩惱與苦悶，她也沒有半點參與的可能。

當現在的我努力去尋找共通點，才發現原來橫跨於我們之間的距離，已經遠遠超過這八年時間的長度。我們之間的美好，只能透過回憶維繫，靠著曾經模糊的感情支持，卻再也沒有不言而喻的默契。或許在這個分開的時刻，溫柔的說聲再見，才是最好的告別方式吧。

後來，我和挑食小姐又像曾經一樣，淹沒在彼此的生活裡。只是這次，我再也沒有當初的那種不捨與期待。

第四章

我愛你，更感謝你也在用力愛我

雖然我愛你，
但我更想感謝你也在用力愛我。
用自己的努力和真心，
一點一點靠近那個你真正愛的人，
才是愛帶給彼此的成長。

24. 最苦的時候，遇見最美的愛情

記得之前看鄧超主演的《分手大師》時，有一個印象特別深刻的情節。女主角楊冪和那個一路拐騙直到變成大老闆的男生是一對情侶，兩人白手起家。剛開始奮鬥的時候，身上什麼也沒有，但是女主角從來沒有放棄過她的另一半。

女主角陪著她心愛的男人，一路乘風破浪、披荊斬棘。最後，那個男的事業有成，卻想和女主角分手，於是找分手大師籌劃一場完美的分手計畫，試圖在「不當壞人」的情況下，離開這個陪自己一起奮鬥、見證事業輝煌的女人。

當我看到這裡，很心酸。那個陪他一起歷經風雨的人，卻無權與他共享繁華。她犧牲自己的青春年華，卻換來這樣的結局。一方面替她感到惋惜，另一方面又彷彿窺見尋常感情會遇到的問題。

生活並不是完全裝滿甜蜜和幸福的熱氣球，它隨時都有可能因為各種尖銳的壓力，在空中被刺破。很多說要一起同甘共苦的人，最後只成為微信裡不再聯繫的陌生人。

有一次，北京影視公司的一個同事來廈門玩，我做地陪帶他玩一、兩天。吃芒果冰的時候，他遞給我一個邀請函，告訴我他要結婚了。看到請帖的時候，我心裡很開心，因為終於看到他和他在一起十年的女朋友修成正果。

那位同事和他女朋友的故事，可以說是公司裡的一段佳話。兩人恩愛有加，彼此相守十年，中間分分合合，感情之路相當波折。

在他給我請柬後，那位同事又告訴我一個驚喜，他說他離職了，要創的公司手續都已經辦完，接下來要為自己打工。那刻，我覺得他是人生勝利組的真實案例，不僅事業有成，連感情也很順利。但我明白他能走到今天，一點也不容易。

我之前在北京和他一起吃火鍋，吃飯的時候，聽他講他和女朋友是大三認識的，當時都在北京同一所大學讀書。女朋友是學物理機械的工科女，而他是學電影的文科男。

剛畢業那陣子，兩人在北京都混得不如意，常常繳完房租，窮得只能吃泡麵過活。夏天不敢開空調，因為電費很貴。窮到最尷尬的時期，兩個人連買日常用品的錢都沒有，洗澡、洗頭、洗臉全都用肥皂，甚至共用一根牙刷。聽起來很噁心，當時我聽到的時候，也不敢腦補，可是這就是北京無數年輕人生活的真實型態。

「我跟著一個老闆寫書，前後忙了三個月，最後他拿著寫好的大綱和內文跑路了。那時，我女朋友打一份工，勉強用她那微薄的薪資支撐我們兩人的生活。有時候我沒靈感，她就會幫我整理脈絡，對一個工科女來說，真的太難為她了。」他說出這句話的時候，眼睛裡先是失落，然後逐漸散發出光芒。他說好在最難熬的時光熬過來了。

只是好景不長，兩人交往的第五年打算結婚，女方的父母突然變卦，不願意把女兒嫁給一個沒房、沒車的男人，強迫女兒跟另一個有錢的男生交往。

那時候同事也很壞，當女朋友的面說很多氣話，傷到她的心。心灰意冷之下，她甚至下定決心要結束這五年的感情。

就在準備提分手的那晚，同事帶著女朋友去吃肯德基，兩個人竟然莫名其妙又和好。我問為什麼，原來那天晚上同事帶著女朋友吃肯德基的甜筒，買到第二個半價的時候，他又從包包裡掏出一盒哈根達斯。

他說以前剛畢業的時候，有一次他和女友逛街，當時很窮的兩個人，路過一家肯德基和一家哈根達斯。女友很善良，知道他沒錢，所以選擇吃肯德基，但他記得當時女友失望的表情，讓他感到愧疚。於是他暗自許願，將來一定要靠自己的努力彌補她。

那天晚上，他對她道歉，怪自己這些年不努力，沒能讓她過上幸福的日子。他向她承諾，自己不會再辜負她的期望，要證明給對方的父母看。

第二根半價的甜筒和哈根達斯，女孩在那晚，還是選擇快融掉的甜筒。

上天不會辜負有心人，在愛情中大多也是靈驗的。最後，同事寫了幾本不錯的書、在北京買了一間小房子，還開自己的公司，以自己的名義開始為自己的人生增添色彩。兩個人也即將步入婚姻，收穫愛情的果實。

看到他們擁有屬於自己的幸福，我常會想，或許愛情真的不能只靠一見鍾情。時間越久，才能明白誰能陪你走到最後。

那段兩個人共用一根牙刷、用肥皂洗頭又洗澡，還有夏天不敢開空調的日子，對這份感情或許是歷史，卻是永恆的幸福來源。那些辛苦、充滿壓力的日子，恰好是將來甜蜜生活的種子。

感情是一門需要透過時間與真心慢慢發酵的手藝，真愛的驗證往往需要一段共同吃苦的歲月。一起吃苦，等最好的結果降臨，是最堅固的愛情。**要相信，幸福可以透過細微改變，逐漸疊加。**

如果可以，願世間所有的起點，都能圓滿抵達終點。那些一起走過瘋狂歲月的情人，也都可以在雨後看到彩虹。在想放棄、堅持不下去的時刻，回憶當初我們如何一同走過坎坷，或許所有的猶豫都會煙消雲散。

25. 最好的感情，是付出的分量勢均力敵

二〇一六年的跨年夜，和朋友通宵打牌的時候，才得知我一個很好的兄弟，就在二〇一六年的最後一天和他女朋友分手了。

我們所有人看著他在牌桌上意氣風發，還感到很納悶。照理來說，失戀的人，尤其是在這麼隆重的日子裡，不是該鬱悶到「一人我飲酒醉」，哪還有心情打牌？

大概在他連贏八局之後，這位老兄去買了幾瓶啤酒回來，一瓶接著一瓶灌。擔心戳到他的痛處，我們都很有默契的沒問他為什麼分手，只是單純陪他度過這個有些不是滋味的長夜。

本來是輸的人罰酒，但還不知道輸的人是誰，這哥們已經一個人把酒都乾得差不多了。玩到最後，他搖搖晃晃的回到自己宿舍，我們剩下的人，看著他的背影，也不知道該說什麼。在牌桌上裝作沒事的樣子，挺讓人心酸的。可是他的故事，我

們都很清楚，最後會落到這樣的結局，也不出所料。

暫且稱呼他叫D吧。他跟我同學院但不同系，家境不太好，人倒是長得玉樹臨風，所以異性緣向來挺好。大二那年，他交了一個藝術學院的女朋友，兩個人是在聚會中認識的，對上眼之後就一發不可收拾。最後D主動表白，兩人才正式交往。

無比俗套的相識過程，卻是D的初戀。他跟我們說，他從來沒有見過像她一樣迷人的女孩，會彈琵琶、拉小提琴，雖然談不上長得特別漂亮，但單純可愛的笑容總是能讓他內心澎湃。最重要的是，她很健談，每次聊天都讓D很自在。

D搖頭晃腦的用略帶炫耀的語氣，對著我們一群光棍分享他初戀的美好時，臉上寫滿幸福。

後來兩個人一起走過大二、大三，又走到現在的大四。因為大家都知道我經常寫一些關於情感的文章，所以身邊的朋友有事沒事就會跑來，問我關於他們感情中的問題該如何解決。D就是其中一個，他和女朋友一吵架，最先知道的肯定是我。我在給D的感情提供策略時，也逐漸發現他們感情中一件特別心酸的事。

不知道從什麼時候開始，D在這份感情裡，似乎再也找不到當初那種春風般的溫暖，而是類似被榨乾的貢獻所有。他們在一起只要涉及與金錢相關的活動，全都是D出錢。大家都知道，小情侶在一起總是要經常出門吃喝玩樂，但突然增加女朋友的支出，讓家境一般的D負荷更重。但是，D想說既然自己是個男人，總不能出門都讓自己的女朋友掏錢吧？畢竟這是在中國，無法完全落實西方情侶那種AA制的思想。

但凡事都有一個平衡，當情感中的索取方與貢獻方之間的力量，上升到一個過度懸殊的狀態，那麼雙方就必須做出改變，不然這段感情很可能因為這種懸殊，造成裂縫不斷擴大，而走向尾聲。

D在這份感情中，就是那個貢獻方。

起初，女朋友看中一款YSL（聖羅蘭）的口紅，百般暗示D買給她。D想說一支口紅也不貴，就從自己的生活費裡拿一些，給女友買口紅。然後是香水，再來是衣服，火越燒越烈，但D為了讓自己這份初戀能長久走下去，女朋友的心願他能滿足的都盡量滿足。可是就在分手的前幾個月，女朋友看中一款LV的錢包，又再次暗示後，D隨即攤牌，說自己這個月打工賺來的錢，加上父母給的生活費，都買不起她想要的那款錢包。

這件事導致他們冷戰，後來也是因為這件事分手。女朋友因此開始嫌棄D的貧窮，我很難想像同樣都還只是個大學生的她，怎麼能夠對那麼愛自己的男朋友說出如此傷人的話。

D發覺自己在這份感情中，遺失原本幸福的感覺。自己正在玩一局馬上就要完勝的遊戲，女朋友突然打一通電話來，要他幫忙買吃的；女朋友月經來的時候，D還會在宿舍煮紅糖薑茶。可是D以前得急性腸胃炎，女朋友卻和閨密在做指甲。

雖然很多人說，談戀愛這種事就是一個願打、一個願挨，可是D在這段感情中，我看到的不是你情我願的小甜蜜，而是雙方力量懸殊所帶來的悲劇。

D有次對我說：「陪她逛街、吃飯，陪她做多少我不喜歡的事，我都能接受，可是她從來不願意為我付出一點，哪怕她能主動陪我玩一場遊戲，我都會心滿意足。」我想，這句話如果D的女朋友能聽到，那該有多好。

可是現實生活中，過多浮躁的觀點淹沒我們對感情的那份初心。我經常看到「我不會再跟窮小子談戀愛了」、「女生就是應該要買比較貴的」諸如此類的文章，被女生瘋狂轉發。我不否認每篇文章都有自己的立場、有自己的邏輯，但這個社會似乎給那些用心付出的男人太少的關懷。

我想買最貴的給妳、想把我的所有給妳，也想盡我全力滿足妳的心願。只是，在這份愛情裡，妳的付出遠小於我的付出，妳的一味索取，讓我失去繼續愛妳的勇氣。所以，不管在感情中，你我攜手走了多久，雙方都要記得停下來想想，付出有達到平衡嗎？

之前看過一句話，**最好的愛情是勢均力敵**，其實蠻有道理，但沒有一份感情能剛好在天平兩端保持平衡。通常是那份多為對方考慮這點，那股「雖然我愛你，但我更想謝謝你也在用力愛我」的力量，讓我們彼此勢均力敵。

哪怕是陪自己的男朋友打一場他最愛的遊戲，即使不懂也沒關係，因為輸贏不重要，重要的是要讓他知道，你也在努力靠近他、貼近他熱愛的東西。無論多小的付出，只要憑藉那股力量，讓處在愛情中的我們，感受到彼此為這份感情的付出，那麼兩顆心的距離一定會越來越近。

用自己的努力和真心，慢慢靠近那個你愛的人，才是愛帶給彼此的成長。

26. 努力去愛，更要努力抓住自己

之前參加學生會的時候，認識一個女生。她工作能力很強、情商高，長相也很清秀，每次跟她分到同一個工作組，都會有種踏實的感覺。她自我要求很高，總要把每件事、每樣任務做到極致。後來因為我離開學生會，跟她的聯繫便減少許多，因為不在同一個學院，見面的機會也不多。

再見到她的時候，是前陣子我跟朋友去逛街。買咖啡的時候，她一眼就認出我，還過來跟我打招呼，可是尷尬的是，第一時間我竟然認不出是她。因為變化太大了，頭髮剪短、臉變得有點浮腫、長很多痘痘、臉上的妝有點暈開了，原先出眾的氣質彷彿被消滅殆盡。

之前網路上有篇文章，說大學是把殺豬刀，把原先好看的人，慢慢變成被人海稀釋掉的人。看到她的時候，不知道是不是反射動作，突然回想起當初和她一同共事時的模樣，那時的她，和此刻大相逕庭。

暫且稱她為要強小姐吧。要強小姐說是我的忠實讀者，從我正式開始經營公眾號開始，她就持續關注，裡面有很多的文章都曾被她偷偷收藏。

在那天逛街時的偶遇之後，第二天晚上，她主動在微信上找我聊天，開場白就是忠實粉絲式的告白。我隱約察覺到她好像有難言之隱，似乎想和我傾訴些什麼。

我試著旁敲側擊，問她最近過得好嗎？她說不好，胖了快十五公斤。要強小姐問我認不認識L，那是我們學生會當時的副主席。我說認識啊，怎麼了。這才知道原來L被要強小姐喜歡了整整三年。

要強小姐自己也不知道該如何界定這份感情，究竟算是暗戀還是明戀。她只知道，第三年的跨年，她的男神L和另外一個女生在一起。而那個和自己有很多共同點的女生，卻是要強小姐最不喜歡的人。

那個女生和要強小姐來自同一省，算是老鄉，在剛上大學時，是關係不錯的朋友，兩人當時還約定一起參加學生會的選拔。後來因為一些緣故，兩人漸行漸遠。

「現在回想起來，那個人當時竟然還鼓勵我去追L，沒想到最後……明明當初她樣樣不如我。」當要強小姐說出這句話，我好像又看到當時處處要爭第一的她。

按照她的描述，一開始要強小姐在和那個女生競爭的時候，始終是占上風的。要強小姐有好看的外表，也很會打扮自己；家庭背景也比那個女生好，每個月不用累得要死要活的到處打工；就連在校成績也比對方出色，連續兩年都拿過國家獎。

性格開朗活潑的要強小姐比不善言談、沉默寡言的她，有更多朋友、更廣闊的交際圈。可是為什麼在感情上，卻輸給那個處處不如自己的女生呢？要強小姐問我這個問題的時候，我像是噎到似的，在鍵盤上打了很久的字，最後又統統刪除。

來來回回好幾次，突然不知道該說什麼。我說要不然出來散散步吧，她說好。我們約在學校操場，就坐在那高高的石階上。晚上九點，操場上還有不少正在跑步的人。

我跟要強小姐說：「記得第一年參加學生會，有一次為了籌備晚會，我們忙到三更半夜，總算是把它做完了。」她轉頭向後看一看學校的大門：「是啊，那次晚會是我認識L的第一天，他那天穿著丹寧布的襯衫，頭髮抹上髮膠，拿著對講機在布置現場的時候，真的很帥。後來有次在朋友圈裡看到他又穿一次那件衣服，但在身旁一起合照的女生卻不是我。」我能感受到要強小姐的失落。大概失戀的人都是這樣吧，一丁點有瓜葛的物品，都能觸景傷情。

夜晚有風，如果不說話，就能清楚聽見簌簌的風聲。我沉默片刻，隨意滑著手機相簿裡的照片，手指突然在一張合影上停頓。要強小姐看了照片一眼，故意調侃我：「你看你那時多年輕，現在都變成大叔。」我指向合照中的另一個人：「她，曾經是我最要好的朋友。」然後，我跟要強小姐分享我的故事。

R是一個女生，我們之間也有很多共同點，來自同一個地方，都喜歡寫點文章，渴望透過這點天賦，改變平庸的一生。那時，我們共同許過很多願望，一同參加比賽、發表文章，希望能一炮而紅。

緊接著，劇情似乎著重在我身上。我們兩個人參加比賽，只有我入圍，雜誌也只錄用我的文章，之後我出了書，還考上心儀的大學。我們曾一起幻想過的場景，最後站在裡面微笑的人，都變成孤零零的我。

後來注定分道揚鑣，是因為有次鬧得不愉快，因為那時的我太驕傲，覺得自己處處勝過她。而她也不甘心，不願意就這樣成為只能為別人鼓掌的人。

這麼說，我們其實很像，雖然要好，但又會各自比較。然而，上天並沒有成全我們，給各自完勝的局面。她之後選擇出國，我們兩個人就此斷了聯繫，彼此的微信仍保留著，我時不時會去偷看她的近況，但從不按讚。這份友情不知道什麼時候變成這副可怕的模樣，只剩下那顆比較的心。

就在我還沉浸在已經獲得的成就時，R不知道何時開始，已經默默超過我。在我轉身想要看她一眼，才驚覺她早已走遠，只留下背影給我。R選擇和我完全不同的路線，她在非母語國家，靠著自己的努力獲得實習記者的機會，之後還幫許多中國大型週刊撰寫國外版。憑藉這些努力，她得到從未有過的機會，許多中國出名的節目邀請她以「優秀留學生」的主題，上電視談談自己是如何獲得這些成績的。

有一次，我特別喜歡的一個節目邀請她當嘉賓，她說她當時專門從英國飛回來，只是為了這次錄製。不得不說，她比我更會把握機會。在我還停留在舒適圈的時候，她選擇不辭辛勞的緊握每次機會。

上天總是會把幸運留給這樣的人，她的事業蒸蒸日上，漸漸累積大量的讀者和粉絲。許多出版商找她出書都被她拒絕，她說現在還不是時候，與其順勢打造一本

「速食」產品，不如好好培養自己的第一部作品。

在遠見上，我又輸了。曾因為好不容易得到出版機會的我，欣喜若狂的簽約，卻不知道後來重看多少次，都恨不得砍掉重練。

就這樣，還享受著優越感所帶來片刻歡愉的我，終於被R遠遠甩在身後。這是比較帶來的失落感，它反映人類的嫉妒心，可以讓人沉溺於過去的成就，也可以讓人擁有前進的動力。然而，今天的R已經不再是能輕鬆超越的對象。

在愛情裡，似乎有著相同的道理。其實要強小姐口中，那個被男神選擇的對象我也認識。雖然長相沒有要強小姐那麼出眾，卻是一個十分努力的人。有次因為學生會的工作，和那個女生有接觸過，她是一個會把每個細節都照顧到，所有事情都處理得井井有條的人。

打開她的朋友圈，會發現要強小姐和她已經是兩個世界的人。要強小姐的生活，始終停留在和三年前差不多的圈子，而對方早已到更遙遠的生活環境。這種改變能讓人更有遠見，學會緊抓住每次得來不易的機會。

樣貌無法改變，卻可以透過氣質和學識改善。更廣闊的世界會一點一點磨練你的個性，讓你變成一個樂於相處的個體。**出身貧寒不丟臉，辛苦工作賺錢反而讓你因為努力而發光、因為吃苦而善良。**

當你的生活因為失戀陷入沼澤的時候，逐漸增加的體重、發胖的身材，也正一步步把你拉入深淵。當有一天醒悟的時候，會發現自己一直在追趕的人，早已比自己更快抵達終點。

我在要強小姐身上，發現我們類似之處。有時，當我們覺得自己還不錯，恰好是優越感抓著我們，沉浸在舒適的過去。當時間悄悄流逝，才發現原來不是因為沒有挪動腳步而變得糟糕，而是因為周遭的人事物，早已把我們遺落在歷史中。但我想，長久停留在過去，比倒退更恐怖。

男神選擇別人，機會跑去別人手裡，那個曾經不如自己的人，卻獲得自己最想要的一切。這些無非是在警告我們，是時候覺醒了。羨慕、抱怨、嫉妒，不應投射給那個已經比自己厲害的人，而是要給過去那個沒有進步的自己。

想到一句諺語：「三十年河東，三十年河西。」儘管我知道用在這個時刻不太妥當，但我還是用來安慰這個坐在我身旁的女生。說完這句話，風聲暫停幾秒。夜晚的操場，運動健身的人逐漸散去，只留下黑暗中靜謐的嘆息聲。

想罷，那句話也是在安慰我自己吧。

27. 人群中藏著曾經愛過我的你，和忘不了你的我

嘴硬小姐提過一個奇葩的分手要求，那就是分手後，對方必須找一個比自己漂亮的新女朋友才行。她忘記自己為什麼腦子一熱，就放他走，只是在那刻，她突然覺得對方不像個男人，自己也活得不像個女人。

連當面說清楚的機會都沒有，就在微信上直接提出分手。嘴硬小姐問為什麼，對方很直接的回一句：「因為我有喜歡的人了。」這句話從手機螢幕出現的時候，就像《屍速列車》那個脆弱的孕婦即將被身後的殭屍咬到，嘴硬小姐想要逃開，卻怎麼逃都逃不掉。她先是在對話框中打上：「你是個混蛋。」然後又改成一個孤零零的「好」字。

「明年情人節，我帶妳去波蘭旅遊，好不好？」

「今年過年，跟我回家，我想讓我爸媽看看妳，好嗎？」

「我幫妳準備了生日驚喜，下班直接來我家吧？」

相似的問句，嘴硬小姐也回答過無數次「好」字，不同的是，那些肯定的回覆帶著喜悅、欣喜，讓她感受到的是長達三年愛情的溫度。可是分手這天，這個回答成為她最不捨、也最漫長的一次。

人如其名，嘴硬小姐直到分手那天，仍然說不出一句挽留的話。她安靜的跳出微信的視窗，把要傳給主管的報告仔細檢查一遍，傳完郵件後，就去洗熱水澡。

她習慣在洗澡的時候，邊放爵士樂。爵士樂曾是他們的共同愛好，當然，一起洗澡也是。洗完澡出來，嘴硬小姐看著鏡子裡的自己，眼睛腫腫的。她強忍著淚，告訴自己別再哭哭啼啼，坐在梳妝臺前，開始像個機器人一樣擦上保養品。她抹了比以往更多的眼霜，無名指在眼睛下方認真滑動。她逼迫自己腦袋裡不要再去想對方，可是都沒用，她腦袋裡全是「那個女人是誰？」、「他為什麼會跟她在一起？」、「她哪裡比我強？」這類的問題。問題一個接著一個浮現，讓她在鏡子前又哭了出來。

第二天打開微信，嘴硬小姐發現對方已經把自己列入黑名單，她終於忍不住把這些事情全告訴自己的閨密。閨密一邊罵著死渣男，一邊安慰嘴硬小姐，勸她重新開始新的生活。嘴硬小姐嘴上說著自己難過一下就好，叫閨密要保密。

都說戀愛會讓人失去理智，那麼對失戀的嘴硬小姐來說，智商似乎從兩個人分開時就恢復。嘴硬小姐憑著蛛絲馬跡，找到前男友劈腿的女人微博，發現還沒分手多久，兩人就已經在微博上秀恩愛。嘴硬小姐把那些照片，一張一張儲存起來，然後傳給閨密。閨密也很機靈的回答：「怎麼長得這麼醜？修圖修到臉都歪了。」、「這個婊子真是傷眼睛。」、「妳還比她好看好幾倍呢！」

閨密的安慰雖然讓嘴硬小姐的怒火暫時平息，但嘴硬小姐明白，照片裡的那個女生，眼睛比自己大、臉比自己小、鼻子比自己挺，笑起來還有酒窩，長得確實比較好看。

閨密問她要不要另外開個微博帳號，去留言罵渣男和小三，嘴硬小姐內心早就想狠狠痛罵他們，可是成年人的理性告訴她：「妳不能這麼做。」因為這樣做，彷彿證明「我還是很愛你、在乎你」。

嘴硬小姐沒有再回覆閨密，她看著那些照片，心底湧起更多沮喪。嘴上說不在乎，其實心裡仍被對方占據。這應該就是失戀最痛苦的地方，人不在身邊，但回憶卻刪不掉。

後來，閨密還幫嘴硬小姐想過無數種報復的方法，統統被她拒絕，閨密也看穿她，明明忘不了對方，卻硬要表現出雲淡風輕的模樣。可是，這就是在愛情裡的嘴硬小姐啊，她不願意因為流露出自己的不捨，而讓原本安靜的天平傾斜。

她認為只有這樣的骨氣，才能活得心安理得。但事實上，最無法從失戀的折磨中走出來的，還是自己。嘴上說著嫌棄對方眼光的話，其實心裡滿是嫉妒。就像分手一年多，嘴硬小姐還是會偷窺前任和他女友的微博，一旦發現對方更新，整個人又會難過一陣子。

「我越討厭你、越排斥你，越想透過言語瓦解你」恰好證明「其實我還是很愛你、在乎你，無法忘記你」。每個失戀的人，通常都對這句話深有同感。

這世上最痛苦的離別方式，是從分開的那刻開始，沒辦法再次走進他的生活，他卻在你的生活中無所不在。嘴硬小姐也一樣，就算對方已經從生活中消失，還是會留戀對方的存在。那些微博裡秀的恩愛、一起吃過的美食、看過的電影，在他身旁的人不再是自己，可是回憶裡，自己身旁的那個人卻是他。

「恭喜你啊，找到這麼醜的女朋友。」這句話，嘴硬小姐排練過無數次，想像未來有天在街上遇到對方，一定要狠狠丟出這句話，好好報復一下。後來，嘴硬小姐在街上真的遇到前任，她卻沒有勇氣走上前把那句話甩在對方臉上。相反的，她是趕緊混入人群躲起來，深怕對方看到自己。

伊朗詩人埃姆朗・薩羅希（Emran Salahi）說過一句話：「我越是逃離，卻越靠近你；我越是背過臉，卻越是看見你。」這句話，應該藏著無數個曾經失戀過的人，就像那個人群中也藏著一個嘴硬小姐吧。

28. 喜歡他，就勇敢的靠近他

可能很多人都有過類似的經歷。

如果你喜歡的人，在你的發文按讚，你會高興許久。可是高興的同時，你又不知道該如何回應這個「讚」，倘若他在文章下面留言，你倒是可以回覆他幾句話，兩人間產生一些互動。多數時候，你想與他互動，但又沒有適合的一個臺階。

我曾加過一個喜歡的人的微信，花了一整晚的時間，把對方的朋友圈研究一遍。每探索一些，彷彿又多了解她的世界一點，那種刺激又興奮的感覺，被狠狠攥在手心。

看到她很久之前發的一條很想點讚的朋友圈，卻忍住沒按讚，是因為不想讓對方知道，我如此渴望了解她的過去。我想，很多人都有著與我相同的經歷，那忍住不去點讚的時刻，恰恰印證你被對方深深吸引了。

我在網絡上經常看到教女生如何判斷對方是否喜歡你的文章或觀點。文章裡告訴女生，如何透過對方聊天的方式、對方是否按讚、對方有沒有秒回你，判斷那個人對你的感覺。

儘管這些教學的方式五花八門，可是當我們回到現實，還是很難透過那一個小舉動，就判斷出一個人的心。他秒回妳，也許只是剛好在玩手機；他按妳讚，或許只是覺得妳自拍裡的那隻小貓咪很可愛。

想一下，如果秒回妳或是秒讚的人，換成是妳身邊的普通朋友，還會有那種內心澎湃的感覺嗎？這些小行為透露出來的信息，大多是自己給它們添加很多特殊意義，因為幫妳按讚或是秒回的人，對妳來說是特別的人。

暫且稱呼她為愛點讚小姐吧。

我曾經沉迷於她給我的讚而無法自拔。總是在想，我充滿好感的那個人，幫我按讚，就代表此刻我在她的腦海或是意識裡，占據一些地方。久而久之，這種欣喜的感覺一度成為麻醉劑。我們之間沒什麼互動，愛點讚小姐也很少幫我留言，只是單純一個讚。我知道她工作很忙，我也很難以一個相當了解她身分的人，走進她的世界。

我只能透過小小的螢幕了解她，不斷期待她能透過那個螢幕，給我一點回饋。到最後，那種喜歡的感覺被消滅殆盡，我和愛點讚小姐之間，變成「點讚之交」。

我常想，是不是那些陷入暗戀或是有好感的人，都有著因為對方一個渺小的行為，所產生無限揣測的時期。

之前，有個女讀者來找我，她說：「昆哥，可不可以當一次我的垃圾桶？」我說沒關係，妳講吧。她把她的故事，洋洋灑灑告訴我。這個女生剛進一家新公司時，在某次的展覽會工作，認識主辦單位的一位男生，按照她的描述，她對這位長得英俊、聲音帶點磁性、笑起來眼睛彎彎的同事一見鍾情。

因為是展覽會的合作夥伴，她輕鬆拿到那個男生的微信。加好友之後，兩個人三言兩語聊幾句，到後來，只剩下幫對方朋友圈點點讚的境地。

我問姑娘，為什麼呢？她說，每次看他的朋友圈，感覺對方的世界是自己完全無法企及的。他擁有健康的生活，除了工作以外，還喜歡高爾夫、極限運動。一直是單身狀態的他，朋友圈裡出現過的女性，也只有公司的團體照。所以，也不清楚他的感情史，或是他喜歡什麼樣的女性。我故意逗她，不會是同性戀吧？她也半信半疑的樣子，說希望不是。

後來，她問我那個男生總是會不時按她讚，會不會意味著他對自己有好感。當她這樣問我的時候，我腦海中閃過之前的自己，也有過這樣的猜測。

最後，我沒有給她一個明確的答案，因為喜歡與否，如果真的能透過按讚這種小事就明白，那就真的很詭異。明明就是自己放大檢視對方的舉止，內心的迷惑不是「點讚」給妳的，而是妳打從一開始就留給自己。

與其糾結於點讚，不如鼓起勇氣，勇敢靠近他的生活。或許，在那個小小的螢幕裡，妳會覺得他跟妳是兩個世界的人。但是，有可能在妳鼓起勇氣、敞開心扉之後，發現彼此的世界還有一些交集。這些交集，對感情的雙方都很珍貴。

後來，不知何時開始，我已經遺忘那位愛點讚小姐。因為我明白，或許點讚只是因為她剛好同意我的觀點，抑或只是她的「反射性」動作。

是我把這一切都刻意化了。我想，這也是「點讚之交」最好的結局吧。如果可以藉由這個小小的讚，主動找對方聊天、吃頓飯，尋找一些共同點，也許之後回想起這件事的時候，會有更美好的滋味。

所以，別再因為那個被你拿著放大鏡仔細看的讚而糾結、疑惑，找個理由或是抓住每次可以了解彼此的機會，讓自己占據他短暫的腦海或意識，而不是那個一瞬間就會被遺忘的朋友圈。

要知道，那些能讓你們擦出火花的交集，大多不是按讚賦予的。

29.

給自己機會勇敢愛上一個人

「長得不好看，也沒有什麼才華的人，會有人喜歡嗎？」

最近又和身邊的朋友聊起這個話題，然後就想到之前光棍節，我和同事去看電影時聽到的故事。

那位同事是我實習公司的單身姐姐，那時二十九歲。因為性格很好，情商又高，所以能跟陌生人迅速打成一片。光棍節那天，這個姐姐在微信群組裡發一則消息「召喚單身汪出來慶祝」。我看到這則消息後，就蹺掉當晚的課，跟這位同事去看電影。

本來以為其他同事多少會來幾個，結果就只有我和她。其實會有點小尷尬，但因為是前輩，也不能表現出自己的情緒，不過在這樣一個全世界都告訴你「單身可恥」的夜裡，能找到一個夥伴消磨時間也沒多糟。

看的電影是《剩者為王》，那天電影院裡都是成雙成對的情侶。我和她合買情侶套餐，有一搭沒一搭的聊著，吐槽著身旁小情侶的卿卿我我。

螢幕裡的舒淇美得蕭瑟，她望著高樓落地窗外的城市，像個小女生一樣，內心吶喊「那個屬於自己的人到底在哪」。

或許是因為還年輕，我對這部電影沒有多深的感觸，到了影片結尾，輪到女主角的爸爸獨白時，我聽見姐姐從包包裡悄悄拿出衛生紙的聲音。我有點卑鄙又有點糾結，用餘光看著她悄悄擦掉眼淚，還故意壓抑呼吸聲。那種隱忍在那瞬間，竟然讓我察覺到略帶心酸的味道。

為什麼會心酸呢？大概也是因為這個影片多少觸及她的內心吧。「家人天天逼著我結婚，我媽跟我吵架吵到心臟病發作，可是又有什麼辦法呢？我為什麼要按照所有人的眼光，草率的給自己的人生一個答覆？」這句話，我還記得是那天電影結束之後，她說給我聽的。

「光棍節一個人過，雙十二也一個人過，每天下班在公車上睡著，連個提醒自己過站的人都沒有。看到同事的先生每天下班都會準時來接，有時也會羨慕，但慢慢的也就對這一切釋懷了。我那麼愛鑽牛角尖，能等到屬於我的人並不容易，但我知道他一定會出現。」這類聽起來像是自我安慰的話，在心靈雞湯出現過無數次。

全世界都宣揚著「只要你等，總會等到」，可是真正等到的、放棄的、依舊一個人上下班的人，好想也沒有變多或變少。這是個常態分布的世界，唯一能讓你在天平上稍微多一點勝算的籌碼，就是不要喪失嘗試去愛的能力。

長得好看、有才華，情商又高的人，這世上不少；長得一般、沒什麼天賦，還有些笨拙的人，這世上很多。但仔細算算，這些衡量的標準，與能不能得到愛情、找到歸屬之間，有什麼密切的關係嗎？找到愛情，不是線性代數也不是解方程式，沒人能給你公式和結果，出題和答題的人都是自己。

那麼，這位同事為什麼還單身呢？作為一個旁觀者，也很難像列清單一樣，幫她整理出所有原因。但我知道她心中的慾望，或多或少超過她對愛情的渴望。

部門績效沒人比得上，帶她出去跟合作方談判沒有輸過；長相姣好，在部門活動、年會中，一直以來都是形象代言人；每月底薪的那幾個零就足以讓我羨慕好一陣子，這幾年更是平步青雲、升職加薪。

她的朋友圈裡都是關於工作、照顧父母、公司出遊、去哪應酬，是個相當「大人」的大人，在她面前，我就像個小孩。

我想，她多少也曾為了找到那個人而付出過吧。只是這些付出，旁觀者不會知道，也或許是和她專注工作與生活相比，太微不足道。

之前雙十一，我雖然離開這家公司很久，還是有聽聞她已經成功升上總監，部門一年的績效，有六〇%都是她撐下來的。六〇%或許只是個簡單的數字，但我知道，這數字背後依舊是無數個深夜加班、飯局裡嚥下難喝的酒精，以及下班回家時在公車上不小心睡著的疲憊。

韓劇《請回答一九八八》裡面的角色狗正八最後沒有和女主角在一起，觀眾看到最後都為他的感情感到扼腕。可是很多人都忽略一點，除了狗正八自己和被感動的觀眾之外，沒人知道他喜歡的人是誰。

到此為止，大概很清楚為什麼很多人一邊抱怨單身沒人愛，一邊又繼續保持單身。因為，他們到頭來都沒有跨出「只感動自己」的那一步，而給自己勇敢愛上一個人的機會。

30. 愛你，是給你做自己的機會

曾在論壇看過一篇有趣的文章。發文的人是女生，她分享自己是如何認識男朋友的。起初，她很喜歡這個男生，覺得他是自己在遇到這麼多錯的人之後，終於遇見的真命天子。可是當她接受他的告白，兩人正式在一起之後，卻發現他身上有一些自己無法接受的特質——她發現自己的男朋友有點娘。

為什麼這麼說呢？因為兩人同居後，她發現男朋友每天保養皮膚所花的時間比自己還長，流程也比自己繁瑣，有時還會化淡妝來遮蓋臉上的瑕疵。

偶爾出去逛個街，男朋友出門前要花大把時間挑選衣服、打扮自己。常常出門前就會出現這樣的場景：女生老早就收拾好，靠在門邊等著拖拖拉拉的男友。這樣的場面一次又一次挑戰女生的底線，讓她覺得眼前這個男人，跟當初自己想像的不一樣。

剛開始還能用忍耐來克服這一切，後來女生終於忍無可忍，直接對男朋友說出自己的想法，兩人也因為這件事經常吵架。有一次姑娘氣得把男朋友的保養品全摔在地上，對方看到這個景象，就大聲咒罵。

最終，兩個人決定分手，男朋友便搬出租屋處。

那篇文章下方，似乎有很多女生都有共鳴，紛紛開始吐槽自己的男朋友。

「每次看到他對我『賣萌』，我都想賞他巴掌。拜託，你可是個身高一百八的男子漢。」

「男朋友總是學我說話，動不動就對我撒嬌，行為舉止扭扭捏捏，一點都沒有男人該有的樣子。」

「出大事的時候總是畏首畏尾，家裡的東西壞了也都是我去修，有時候覺得我比他還像個男人。」

當我看到這些回應的時候，腦袋裡會自動腦補，這些女生是因為什麼原因，選擇跟這樣的男生談戀愛？她們每個人的感情生活看起來都不順利，彷彿跟男朋友生活在一起，是一種對自己的懲罰。

但轉念一想，從表白確認關係，再到感情中完全熟悉對方的習慣和行為模式，需要一段磨合期。正是因為磨合期的存在，感情才會牢固，窺見彼此的不完美，兩人才能重新審視在一起是否合適。

看完這篇文章，我突然想到一個女生朋友和她男朋友的故事。

這位女生朋友曾是我外語輔導班的老師。當時我單買一些課程，她剛好是課程的負責人。年紀才大我幾歲，從香港碩士畢業回到中國，是個很有親和力的女生。除了上課時間，課外也會給我一些專業上的指導，偶爾還會一起出去喝咖啡，就這樣變成還不錯的朋友。

她有個在一起一年多的男朋友，是時尚雜誌的編輯。我們一起出去玩的時候，她經常提到男朋友，不是炫耀兩人有多相愛，而是吐槽那些她無法接受的地方。

和那篇文章提到的男生似乎有些共通點，那就是他特別愛打扮。對於不同材質的西裝和襯衫的洗滌與折疊方式瞭若指掌，有時還會嫌棄自己沒有用正確的方式燙衣服；熱愛流行，會根據當下的潮流搭配衣服；注重護膚、髮型，有時候女朋友懶得保養，他還會督促對方敷面膜。簡直像個服裝造型師，女友的每套穿搭，他都能給出一堆意見。

從朋友口中可以了解，她的男朋友是個活得很精緻的男人。每次聽到她吐槽，我都很納悶，既然對男朋友這麼不耐煩，為什麼還要跟對方在一起？

有次我們上課上到很晚，從大樓出去攔不到車，末班的公車也走了。就在我們不知道該怎麼回家的時候，下樓的轉角就看見她的男朋友，站在那一遍又一遍打著電話。

她看到男朋友的時候很驚訝，問他怎麼在這裡？男朋友上來一把摟住她，捏了捏她的臉，用撒嬌又略帶抱怨的語氣對她說：「嚇死我了，妳知不知道妳的電話打不通，我有多著急？」原來，我這位朋友手機沒電自動關機，男朋友因為聯繫不上她，又看到外面下大雨，十分擔心，就跑到她工作的地方。

「電梯不知道怎麼回事，動不了，我一著急，又忘記妳的公司在第幾層。想說要是再沒有接電話，我就要一層樓一層樓去找妳了。」當時我站在旁邊，看著她男朋友一臉委屈又擔心的樣子，一下子被逗樂，但同時又隱約覺得很感動。好像那瞬間，突然明白我這位女生朋友一直堅持這份感情的原因。

「儘管吐槽他、抱怨他，那不過是我在努力讓自己試著接受他，接受他相比其他男生稍微不同的生活方式。因為我知道他是愛我的，就像他接受、包容許多我的毛病、癖好，我覺得也得學著從自我中心走出去，給我們之間的感情多一些包容。」這是後來那位朋友給我的答案。

沒錯，我還是忍不住問她為什麼。「你也知道，他是做文創工作的，在時尚雜誌工作，所以有這樣的生活方式很正常。這是他對自己該如何活著的一種認可，這種認可並沒有影響他當一個正直、有擔當的人，我想這就夠了。更何況，我能感受到他對我的愛。」

聽到她說這番話，我頃刻間豁然開朗。原來感情中那些不能跨越、不能包容的東西，不是因為對方不夠好，而是因為自己不夠愛。感情是一件相互理解、彼此妥協的關係。雙方相處的過程中，必然會出現無法理解的事，但是你要冷靜下來，試著換個角度思考。

當你發現自己真的無法理解對方的時候，試著讓對方知道你是為他好，一點一滴讓他去改變，把自己變成一個雙方都感到舒適的樣子。如果最後發現自己還是在遷就對方，那麼就痛快的放手吧，因為放手比強行把對方扭轉成自己認可的狀態還要適當。但我還是相信，**美好的愛情、健康的感情關係，不是逼著對方變成讓自己舒服的樣子，而是給對方做自己的機會。**

很多人口口聲聲說愛對方，到頭來無非是找個愛別人的藉口來愛自己。當我們真正學會包容，才會發現原來愛一個人的感覺是多麼美妙、努力學著去愛別人的自己是如此偉大。

第五章

溫柔的告別，才是最美的結局

或許真的再也不會遇見，
或許還會與彼此擦肩。
但無論如何，
都想要好好的說一句，
謝謝你的存在，
陪我度過那段艱難的歲月。

31. 懂了很多道理，卻還是談不好愛情

之前自己開工作室的時候，外出辦活動，認識一位做餐飲的年輕老闆。自從在活動認識後，我們就沒聯繫過，唯一了解他的方式，就是看他在朋友圈裡，整天分享與女朋友的日常。有甜蜜，當然也有爭吵後的三言兩語。

有天，他忽然傳訊息，說自己在一起快一年的女朋友，因為一篇文章要跟他提分手。他向我訴苦：「現在的情感雞湯，什麼時候變成破壞感情的毒雞湯？」我一臉疑惑，問他怎麼回事。他接著轉了一篇文章給我，我一看，又是一篇硬套觀點的情感文。

我總是不解，一些關於情感的文章，何時開始給努力追逐愛情的人，都戴上不友善的帽子？

沒談過幾次戀愛的少男少女、沒經過幾次風霜雨雪的年輕人，被這種硬凹出來

的價值觀束縛著。於是他們被告知「你一定要怎麼樣，你不能怎麼樣」，愛情被這些說教式的框架砍掉稜角，看似所有的個體，都朝向教科書式的情感模式趨近，殊不知，沒有一份愛情是完美無缺的。

我那位朋友看起來很鬱悶，跟我聊很多。他說他的女朋友抱怨他不像文章中的男朋友那麼體貼，總是忙著事業，而忽略她的感覺。女生在朋友圈裡，經常分享各式情感雞湯，附帶兩、三句自己的感悟，像是故意在提醒男朋友，這樣的愛情和相處模式才是她最想要的。

我想說的是，正是因為這些假帶善意的情感雞湯，帶壞每份真摯的感情。情感雞湯教戀愛中的人怎麼談戀愛，怎麼在感情中占上風；教單身的人，怎麼樣才能獲得異性芳心，擺脫單身。對一些迷茫又缺少判斷力的女生而言，她們透過這些說教，得到一些扭曲的愛情觀。

「男生就是要無私奉獻，花錢買各式各樣的口紅給女朋友。」

「既然你愛我，就要寵我，隨時開機，對我永遠在線。」

一味倒向一方，讓單純的我們在接受愛情時，變得挑剔刻薄、畏首畏尾。沒有一個男生是生來就完美的，會記住妳的月經週期、幫妳清空購物車、知道妳對什麼過敏、最討厭吃什麼。

愛情的過程，更像一個滾輪在磨礪雙方，之間的天平不能失衡，彼此要懂得進退。單純苛求對方成為無所不能的先生，自己卻無動於衷，這樣的愛情最終會被越來越多的愛情雞湯葬送掉。

講到這裡，我又想起這位來找我傾訴的朋友。他的女朋友應該算是幸福的，因為男朋友會精心準備每次紀念日和情人節；事業做得很成功，開的餐廳在廈門相當有名；有房有車，不至於在物質上讓另一半缺乏安全感。

即便如此，那一篇或許十幾分鐘就寫完的偽善雞湯，還是讓她變得不滿足，想索取更多。有時想想，當男朋友看著自己的女朋友執著於分享情感雞湯，是不是就像我們年輕人看著老一輩分享養生推文一樣。

懂那麼多道理，為什麼依舊還是單身？說白了，是因為這些雞湯大多來自於憑空想像，缺少實際運用的價值。

在閱讀的過程中，你我被放置在故事所設定的情境中，當你抱怨男主角的不懂事和女主角的委屈時，故事背後的價值觀，潛移默化進到你上漲的情緒中。於是讀完，我們往往義憤填膺，感覺又更懂愛情一些。實際上，這些價值觀往往只能提供極小的參考意義。

當同樣令人費解的價值觀被多次輸出，或者帶有模仿性質的輸出，一批又一批讀者被其感化，甚至洗腦。往往懂很多道理，還是處理不好一段感情，因為不是每份感情都千篇一律。

所以，**與其讓情感雞湯教你一板一眼的獲得完美感情，還不如真實去受幾次傷，讓經驗教會自己如何趨利避害，選擇適合自己的另一半。**

32. 好的愛情，是讓我們真正的成長

紅色 iPhone 發布的那晚，路痴小姐在她的朋友圈裡，上傳一張紅色 iPhone 手機的照片，配了一、兩句話。解讀一下文章內容，大概就是想要換手機，希望有人能買給她。

簡短的幾句話裡提到她同事的未婚夫，別人的男朋友看女朋友的手機舊了，就直接說要幫女朋友換上最新的 iPhone 手機。明明有男友的她，發出這樣的一條朋友圈，除了羨慕別人的男朋友之外，話中的意思很明顯是在影射自己的男朋友。

果不其然，半個小時後，路痴小姐又重新發一條朋友圈，是她跟男朋友的聊天紀錄。路痴小姐高興的炫耀自己的男朋友也答應要買新手機送她，聊天紀錄裡，她把飄著巨大愛心的表情包傳給男朋友，乍看的確是甜蜜得讓人羨慕。

認識路痴小姐的朋友，都知道她的每段愛情沒有一個是完美的，她努力營造出

很幸福的畫面，但總是注定會得到一個破碎的結局。

路痴小姐之所以被稱為路痴小姐，是因為她沒有方向感，總是迷路。她是比我大兩屆的學姐，當初新生入學時，帶我們熟悉校園的人就是她，不知道為什麼學校會派路痴帶我們認識校園。已經在這所大學生活三年的她，竟然還能在校園裡迷路，造成班上同學在遊覽學校後山的時候，被困在一個不知名的地方。她當下第一個反應就是打電話給男朋友，講了十幾分鐘的電話，情緒突然失控，對著電話放聲大哭。最後，一行人靠著手機的地圖，總算磕磕絆絆的找到下山的路。

後來，總是有意無意能看到她和男朋友黏在一起，吃飯、上學、放學、逛街，甚至有次去學開車，也看到她男朋友在一旁撐著傘陪她。

學校裡流傳各種路痴小姐的八卦，有時候你不想聽，也會在不知不覺中聽到。路痴小姐在大一的時候，有個同所高中的男朋友，兩人是異地戀。後來同校的一個男生在追求她，於是路痴小姐就和異地戀的男朋友分手，然後跟同校的追求者在一起。

路痴小姐有次打電話，想讓當時異地戀的男朋友送自己卡西歐（CASIO）的自拍相機，男朋友口頭上答應，卻一直沒買給她。兩人因此發生多次爭吵，後來那個同校的男生開始追她，她很快就答應對方。

兩個月後，也就是她生日的那天，她上傳自己收到禮物的照片，是新男朋友送給她的最新款自拍相機。

不是有一句話說，如果愛一個人，就願意為她做任何事。路痴小姐當時的男朋友就貫徹這點。

即使傳說中只有幾個月的熱戀期已過，兩人還是時常膩在一起。有時候，放學經常能看到她的男朋友早就在大樓門口等，來接她放學。起初還覺得這不過是情侶間該有的日常，但當得知男生每天、每節課，不管是什麼天氣，都會準時等她放學的時候，還是會因為男朋友對路痴小姐的愛感到驚訝。

但是，知道他們在畢業前分道揚鑣之後，聽朋友說，當初路痴小姐的男朋友每天準時來接她放學，都是她要求的。

然而，路痴小姐對男朋友的要求還不止這些。

她對男朋友的基本要求，就是要隨傳隨到，只要一通電話，不管你在忙什麼，就是必須立刻出現。如果不出現，或是有事無法脫身，路痴小姐表面上會裝作理解，但在下次見面的時候，就會對男朋友發脾氣。

所有人都不理解，為什麼她的男朋友都吃這套，在這場愛情裡，扮演一個父親的角色，多過扮演男朋友。

路痴小姐遇到棘手的問題，第一個想到的是自己的男朋友，有時候只是個簡單到可以自己解決的小事，都要男朋友的幫忙才放心；與室友發生爭吵，不會主動解決，化解與朋友之間的矛盾，反而是傳訊息，叫男朋友來幫自己出氣。

這樣的感情，似乎有點極端。在旁人眼裡，路痴小姐的男朋友像老爸，時刻陪在路痴小姐身旁，幫她解決零碎的問題。但路痴小姐所表現出來的，卻是自己仍然缺乏安全感，一點小事都要發文抱怨一番。

不知道是什麼讓路痴小姐的男友一如既往的堅守這份感情。每當路痴小姐有什麼不滿或抱怨時，對方都會很勤快的在第二天出現，買好禮物來換取她的原諒。接著，兩人又會像以往一樣甜蜜，朋友圈也會像往常一樣，出現路痴小姐上傳禮物的照片。

然而，這份「一個願打，一個願挨」的感情，最終還是因為男朋友提出分手而告終。

畢業前，路痴小姐沒有選擇考研究所，而是在中國各地找工作。男朋友則是準備考研究所，每天泡在圖書館。

路痴小姐叫男朋友陪自己去北京面試，男朋友想著離考試還有一段時間，又擔心女朋友一個人去外地會遇到麻煩，就幫路痴小姐打點好一切，買好機票、訂好飯店，並陪女朋友一起去北京。

男朋友陪女朋友去北京面試，聽起來很溫暖，卻因為兩人的爭吵而走味。路痴小姐面試不順利，大小姐脾氣發作，當天便把火全撒在男朋友身上，還說面試失敗都是因為昨晚男朋友通宵幫她複習，害她沒睡好。

兩人從北京飛回來後，冷戰許久，誰也沒有主動聯繫過對方。突然有一天，路痴小姐主動去找男朋友，向他示好，男朋友原諒她，兩個人又重修舊好。之後，路痴小姐一直沒有找到合適的工作，而男朋友距離研究所考試的時間越來越近。壓力急劇增加的時刻，男朋友突然病倒。

路痴小姐是在他已經住院一天後，才得知這個消息，因為她前天通宵唱歌，喝得爛醉，然後第二天睡了整整一天。

路痴小姐問他想吃什麼，男朋友說妳方便就好，結果路痴小姐偏偏買到他會過敏的食物。在醫院，女朋友陪他一個多小時，只因為房間太冷就回家了，剩下他一個人在病房裡。

男朋友為了考前衝刺，沒住幾天就出院。這時，路痴小姐又打電話來，要男朋友再陪她去一趟廣州面試。

男朋友說自己馬上就要考試，還沒複習完，才剛拒絕路痴小姐，她立刻在電話裡發火：「你住院住那麼多天，我每天送吃的給你，只是要你陪我去面試，你都不願意。」男友也變得歇斯底里：「我們在一起那麼久，妳連我對什麼過敏都不知道。妳喜歡吃什麼、討厭吃什麼，我記得一清二楚。妳之前想要吃那家肉脯，我一下課就跑大老遠買給妳，我生病，妳連送個晚飯給我都心不甘情不願！」

吵到最後，男友提分手，路痴小姐一句：「分手就分手。」便掛斷電話。

後來，路痴小姐畢業了，到另一個城市，交了新的男朋友。一如往常，每回翻開她的朋友圈，又能看到她那些男友送給她的花和禮物。

解讀愛情是件相當麻煩的事，因為我們不是當事人，永遠看不見事情的真相。但能大概從浮現出來的線索，去窺探一些感情的不易。

身邊的確有很多女生，甚至是男生，把戀愛中的另一半當成救命稻草，寄託自己全部的安全感。在愛情中像個巨嬰似的去汲取，實在不算是成年人的戀愛行為，比較像是想找一個懂得呵護自己、幫自己搞定問題的爸媽。

巨嬰的愛情，往往不是找一個伴侶，而是找一個監護人。

儘管有句話說：「愛情裡的人常常失去理智。」即便如此，人所具有的基本理性和獨立性，也應當保持。在維持一段感情中，若能在該獨立的時候背影瀟灑，在該尋求依偎的時候放下身段，想必是最令人羨慕的狀態。

人總是會不知不覺陷入被愛，而忘卻這種平衡關係的境地，也往往因為深陷於此，讓一份美好的感情開始失衡、爆發衝突。要知道，當我們無條件渴望被愛的同時，站在對等的位置，也有個人渴望得到愛與關懷。

總覺得，路痴小姐還算幸運，總能遇到一個願意包容她、等她放學、陪她去面試，而且在爭吵後還願意先道歉的男生。但又覺得這並不是件好事，包容與接納是為了讓彼此更合拍，倘若只是為了鞏固彼此的關係而一味配合，恐怕只會讓對方變本加厲。

畢竟，**好的愛情是願意陪你一起變成更好的人，而不是一成不變的將就你。**

33. 曖昧，讓我養成了回憶你的習慣

我不曉得有人喜歡看這個節目。

它叫《天天飲食》，是央視很老牌的一個晨間節目，每天早晨教你做一道美食。主持人是林依輪，長得帥、說話彬彬有禮，不時還會流露出小幽默，最重要的是很會做飯，一度被視為家庭婦女的男神。

只是，隨著豐富的電視內容、長大的小女孩、帥氣的主持人有了美滿的家庭，再加上主持人一波接著一波換，這個節目逐漸被人們淡忘。所以當我知道愛吃肉小姐還在堅持收看每期節目時，難免有種莫名的驚喜。

愛吃肉小姐人如其名，特別愛吃肉，不幸的是，沒有那種怎麼吃也吃不胖的體質，肉肉的臉蛋總是在和盤子裡的美食爭鬥。

但我還是挺喜歡她的，眼睛很大，撒嬌時沒有油膩感，裝酷時也不會很刻意。

氣質剛好散播著吸引力。

我們都是《天天飲食》的死忠粉絲，從小看到大。愛看美食節目，經常深夜餓著肚子，看著影片裡的食物流口水。想學料理、學做飯，卻因為懶惰，始終沒進過廚房。那段時間，我們經常一起開會，每次會議結束，她總是悄悄走到我身邊，主動跟我聊《天天飲食》最新一集做什麼菜。

我對熱情的女孩，向來都沒有抵抗力。所以每當一起慢步走下樓，相伴回家的時光，總被我當寶。

我有一次偷偷問她，喜歡什麼類型的男生，她說要會做飯，尤其是會煎肉。還記得她回答這個問題時，一臉天真的模樣，我說妳都肥成這樣，還想著吃肉啊！她上來給我一拳，剛才還甜蜜蜜的表情，現在恨不得把我揍扁。

那時的我，大概是因為不怎麼會談戀愛，在很多可以進一步的關鍵，我都畏畏縮縮、不懂進退。

關於「曖昧」的定義有很多種。情歌裡的曖昧，有甜蜜也有苦澀，甜蜜的曖昧如果獲得明媚的結果，自然會讓人感到幸福。倘若曖昧最終還是弄丟彼此，那苦澀便成為腦中永遠的一道傷痕。

而在我與愛吃肉小姐之間，曖昧卻培養起我們很多習慣。她知道我總在深夜寫作，於是經常熬夜，假裝「其實是在玩手機」，但事實上是為了想跟我說晚安。我知道她餐廳吃到厭煩，就帶她去廈門四處找好吃的，然後把每頓飯都拍照，放進相簿。她總能包容我的敏感和糾結，而我也想一點一點變成她夢寐以求的樣子。

學校設施不方便，於是一回家就開始學下廚，從炒個雞蛋都能糊鍋，一直到已經有幾道拿手菜。每次我都會把自己做的菜，拍照傳給她，她也會很直接的批評或誇讚。

「這個看起來好像一坨鍋粑。」

「竟然還有雞毛！」

「總算有點進步了。」

「看起來不錯耶，顏色超棒！」

「好想吃，你做給我吃好不好？」

聊天紀錄作為旁觀者，見證從無到有的過程。但就在我們慢慢培養起「將對方裝進生活」的習慣時，一些細節也在瓦解它們。

歌詞裡唱著「曖昧讓人受盡委屈」，那段時間裡，這句歌詞終於變得不再晦澀難懂。

我因為出版工作的事，忙得不可開交，忽略很多她的感受，缺少從前的默契，延伸出很多爭吵。直到愛吃肉小姐被一個喜歡她很久的男孩表白，我才意識到，原來自己的生活裡，她的位置竟有這麼多空白。後來，終於有機會把內心話說清楚，但一切都為時已晚，愛吃肉小姐仍然選擇那個男孩。

某一年看《請回答一九八八》的時候，才突然明白，發生在自己身上這段感情背後的道理。劇裡的狗正八和阿澤都喜歡女主角德善，最後狗正八錯失告白的時機，也錯失心愛的德善。

有人說在感情裡，勇氣比時機更重要，假如狗正八能鼓起勇氣表白，可能會是另一個結局。但我想，或許也有這種人存在吧。他們不是沒勇氣，只是愛得緩慢、愛得糾結，不得不在徘徊和猶豫中，一次次篤定「我喜歡你」這個信念。

煙雨過後，無論是在一起還是說再見，一個人的生活多少會改變。

後來的我，儘管回到家，可以叫外賣來解決飢餓，卻還是願意下廚自己做點東西吃。這些其實就是所謂的「改變」吧，只是每次看著每道用盡苦心的食物出爐，卻再也沒有理由傳給那個人。

很多人問我，為什麼在自己寫的書裡，會介紹自己「夢想是當個廚師」。因為啊，曾有一個人，好好去愛她就是我的夢想。

如今，我很少再看《天天飲食》，只是我依然很難忘。在茫茫人海中，曾遇見一個和我那麼像的人。

34. 既然你不喜歡我，那就再見吧

最近跟一個同樣做新媒體的女生聊天時，得知她跟在一起三年的男朋友分手的消息。

這個女生在新媒體圈混得風生水起，在情感領域擁有不小的名氣，每天為讀者解答情感問題的她，像個專家一樣，幫很多迷失的年輕人找到答案。

所以當我知道她戀情告急的時候，驚訝得不得了。她明明是最懂如何處理感情的啊！

這位姑娘以寫出閱讀量「十萬加」的文章為人生目標，筆電從不離手，一有空就研究數據，一停下來就打開 Word，為了寫出熱門的文章，經常處於歇斯底里的加班狀態。

她的正職是普通的遊戲公司上班族，每天除了日常的工作，還要撰寫推送[13]，管理自己的公眾號[14]。經常可以看到她凌晨兩、三點還在更新朋友圈，內容通常是分享工作完成後的心情。

怎麼說呢，這其實是每個新媒體人的工作常態，沒有嚴格的八小時工時限制，卻二十四小時都得關注數據。每天花大量時間寫推送，處理公眾號的瑣碎事務。

我問十萬加小姐，為什麼分手呢？她說那段時間她因為公眾號的事情感到心情煩悶，忽略男朋友的感受，於是兩個人頻繁發生爭吵。

當她男朋友跟她說：「妳做公眾號快三年了，花在它上面的精力、在乎它的程度，遠遠超過我！」男朋友把積壓在心底的不滿，一股腦宣洩出來。十萬加小姐聽到以後，特別難受，但她卻也提不起勁反駁，因為這確實是他們相處的現況。十萬加小姐太渴望成功了。她認定一件事，就會不惜犧牲一切完成它。

媒體人常會遇到鍵盤俠，那些在網路上明目張膽傾吐的惡意，讓她身心俱疲。男朋友就是她那時唯一可以尋求安慰的避風港，她把自己受到的抨擊和委屈，全丟給男朋友。

十萬加小姐的男朋友因為愛她，總是默默替她分擔，但凡事總要有個限度，當垃圾桶被填滿，之間的感情也無法平穩。

這件事讓我想起，去年登上熱搜的華語女子組合 Sunshine。被主流審美唾棄的她們，因為「醜」，在網路風行許久，其間被經紀公司簽下、包裝團隊，推出幾首依舊帶著土氣的流行音樂。

那陣子，她們的新曲〈朵蜜〉釋出預告，才發現原來這幾個小姑娘，已經被我遺忘這麼久。原宿系的裝扮、嘻哈街頭的風格，預告片中的她們，完美詮釋「長得醜的姑娘，如何透過改變服裝，讓自己重生」。

完整版的〈朵蜜〉一推出，日本澀谷系流行音樂曲風以高級的姿態，再度讓一票網友對這幾個出自農村、越軌主流審美的女生刮目相看。

我特別去看她們的微博，下面的評論依舊褒貶不一，有人從路人轉為粉絲，也有人依舊用刻薄的字眼，檢討她們的長相。「被迫高級」讓幾個不諳世事的小女生

13　營運人員透過自己的產品或第三方工具，對用戶移動設備進行的主動消息推送。

14　開發者或商家在微信公眾平臺上申請的應用帳號，透過公眾號，商家可在微信平臺上，透過文字、圖片、語音及影片與特定群體交流。

瞬間改頭換面，其中的好壞不說，只是我在這個現象背後，看到仍是一些令人費解的網路霸凌和言語暴力。

似乎在現代網路社會，自然的存在一種「我想怎麼說、在哪說、以怎樣的口吻來說，都是我的自由」的行為原則。這種原則的本質沒錯，但當部分的人濫用，讓「權力」演變成「暴力」，著實令人感到心酸。

十萬加小姐後來都沒有再試著挽回她的男朋友，因為她心裡明白，什麼才是自己想要的，為了獲得，總有些東西需要割捨。只是在面對惡意時，她變得赤裸，毫無一絲慰藉和庇護。同時，她也變得更堅強，因為她知道，要承受這些的人始終是自己。

其實，有的時候看到十萬加小姐所經歷的事，我總能在自己身上，或者說是在多數自媒體人身上，找到相似的影子。

因為進入寫作圈的時間比較早，那時在傳統紙本雜誌發表作品，後來出版自己的長篇小說。從創作開始，就會接收到各種不好聽的聲音，尤其是當初在一本雜誌連載小說的時候，雜誌的讀者在網路上把我罵翻天，那時責任編輯還安慰我。

後來，我堅持按照自己的想法把這部小說連載完，去年也順利出版單行本[15]。只是，我從沒想過當我開始做新媒體後，這種隨意的謾罵會變本加厲。

我經常在後臺收到各種不理性的言語，印象最深刻、最奇怪的一次，是一個訂閱者因為嫌我發推送打擾到他，就在後臺對我破口大罵。起初我還會盡力解釋，試圖把我的苦衷告訴那些產生異議的聲音，到後來我發現，有些努力是徒勞無功的，不理解你的人，根本就不會給你機會說服他。

就算我用盡全力解釋清楚了，又有什麼用呢？我何必把苦力和心思，花在讓所有人都喜歡我、接受我呢？

過去的我很拘謹、很刻意，只希望能完美的把自己展現在每個人面前。但是，無論你怎麼做，總有些人從一開始就用不友善的眼光看待你，因為在這些人心中，你做好自己不是應該的，你要做到他們滿意才是對的。

因為那一個小小的「關注」，我就要再默念一遍：「顧客就是上帝。」這樣，

15　單獨出版、不屬於某一叢書的書籍。

我永遠無法得到真正的快樂。

Sunshine 的「成功」或許帶著讓人嫌棄的色彩，但當她們一次次進步、一次次驚豔全場，總有些人會被打臉。被打臉的那些人，大多從未認真聽過她們的聲音，也沒給過她們證明自己的機會。

十萬加小姐幫別人釐清愛情，卻丟失自己的愛情，這是我們共同奮鬥的事業所帶給我們的，是磨難，也是恩賜。因為我們都明白，那些不理解和質疑，只會讓自己更勇敢；那些離開與放棄，只會讓決心更堅定。

那位負責我連載的責任編輯跟我說的話，我至今還記在心裡，她說：「寫作者也是一種公眾人物，你的文字就是你的演技，你的作品就是你的臉面，既然選擇這行，就要去承擔它帶給你的不便，不然你會對不起上天賜予你的這份天賦。」

是啊，被誤解是表達者的宿命。所以每一個我們，為了那些懂自己的人，請務必堅持自己的所愛。

35.

失去愛情，不能失去心的方向

一個人會用多長的時間走出失戀的陰影呢？大概是一個月、一年，還是一輩子？不不不，多少會走出來的吧，至少也不會花到一生的時間。

但是因為失戀而陷入消極的時光，所帶給人的改變，卻很難被擺脫掉。有的人為了振作，花了一個月、花了一年，而有的人，卻再也無法從失戀中抽離。

K是我大學四年的室友，最初分到一間宿舍的四人房，只有他不是單身。他的女朋友是他的高中同學，兩個人本來約定好要考同一所大學，但是因為分數的關係，最後雖然考到同一個省，卻在不同的市。

關於異地戀該有的樣子，我大概在K身上都看過。K和女朋友兩個人特別甜蜜，每天晚上都要煲長達兩、三個小時的電話粥，K常常會去陽臺上跟電話那頭的女朋友你儂我儂，因為宿舍牆壁的隔音效果不好，K跟女朋友說的那些話，總被我們聽得一清二楚。我們這三個單身汪，會在他打電話的時候，在房間裡哈哈大笑。

K有跟我講過他和女朋友是怎麼在一起的。高中的時候，班導師突發奇想，想到一個什麼「一幫一」的政策，讓班級裡成績相對較好的同學，幫助那些成績後段的同學，兩兩組隊。

K就這樣和他的女朋友組成一隊，兩人相處的時間也因此增加。那時，女朋友的成績不太好，K便犧牲自己很多時間來幫她補習，多虧K的幫忙，最後高考的時候，讓女朋友成功考上第一志願。

算是一對讓人相當羨慕的情侶吧。和那些青春小說裡寫的情節大致相似，男主角和女主角在高中因為莫名其妙的緣分相識，一起努力考上大學，然後在大學生涯中繼續守護彼此。

只是現實和小說仍舊有區別，K並沒有小說的男主角那般英俊帥氣，而是一個身材臃腫、眼睛小小的胖子。所以當我第一次看到K的女朋友時，我們也都很驚訝K是怎麼找到這麼漂亮的女生。

第一次見到K的女朋友是在大一的一次長假，K帶著女朋友來參觀學校，還帶進男生宿舍，介紹給我們認識。女朋友留著一頭長髮，身材纖細，長相甜美。初次見面很害羞，一直躲在K的身後，有一搭沒一搭的跟我們自我介紹。

雖然K和女朋友的搭配，讓我們覺得有些難以置信，但兩個人相愛時的甜蜜，卻又讓我們十分羨慕。像所有正在異地戀的大學情侶一樣，他們每天用手機維繫感情，偶爾會去對方的城市短暫相逢，雖然辛勞，但也很幸福。

K的女朋友有時候擔心聯繫不上K，還加我們所有室友的微信，沒事的時候會送我們一些自己做的小禮物。總之，讓人覺得是一個相當貼心又聰明的女生。

但這份感情，有段時間突然在所有人的生活裡銷聲匿跡，原本高調的他們，再也沒有在我們的朋友圈或生活圈中秀過恩愛。那段時間，K依舊會在陽臺上跟女朋友通電話，只是偶爾聊著聊著，就哭了起來，我們幾個人問他怎麼了，K也只是淡淡的說一句沒事。

有次深夜，我寫稿寫到很晚才休息，因為那段時間偶爾會失眠，所以躺在床上很久，也無法真正入睡。

那天晚上，在剩下兩個室友如雷鳴一般的打呼聲中，我聽見K在被窩中的啜泣聲。能感覺出來他極力克制自己的聲音，卻沒辦法把哭泣的聲音壓到最低。我想問他怎麼了，但還是沒這麼做，或許夜深人靜時的哭泣，就是因為害怕別人聽到吧。

後來，我們宿舍的人似乎察覺到不對勁，每個人都在旁邊安慰他，但這些安慰並沒有起作用，K依然萎靡不振。直到有一天，在朋友圈裡看到K的女朋友和另外一個男生親密的照片，我們幾個才知道這段時間發生什麼事——K和他在一起快兩年的女朋友分手了。

K曾經消失過一個星期，所有人都不知道他的去向，正當大家因為擔心，猶豫著要不要把這件事情告訴舍監的時候，K又突然回來了。他買了兩大袋的零食，堆在自己的書桌旁邊，接下來的一個星期沒有出門，靠著這兩大袋的零食度過。

我有一次偷偷找K談心，問他究竟怎麼了。K再三猶豫之下才告訴我，原來女友當初跟自己在一起，一直有其他意圖。無非是想讓自己能幫她提升成績，等到上了大學、認識新的男生，便毫不猶豫把自己踢開。那些曾經所謂的秀恩愛，不過是為了營造一個「我有人愛」的假象。

聽到這件事，我完全想不到那個長相甜美的女生，竟然會做出這樣的事。我理智的要求自己不去相信任何一方，畢竟感情中的糾葛只有當事人最清楚。我嘗試安慰，說一些「天涯何處無芳草」之類不痛不癢的話。

失戀過的人都知道，此刻的安慰很重要，但又沒那麼重要，真正要走出來，還是得靠自己。

對於K來說，這個「走出來」的過程並不容易。K逐漸把自己封閉起來，不再像以前一樣會和我們聊天，更多的時間都自己一個人獨來獨往。他開始蹺課，必修課、選修課統統不去。然後又迷戀線上遊戲，除了睡覺，時間全用在遊戲上，甚至連吃飯時都左右開弓。

我目睹K的頭髮留到像藝術家飄逸的長髮，那段時間，他過著暗無天日、晝夜顛倒的生活。每天的三餐統統簡化為一餐，那一餐靠外食解決，剩下的時刻，如果肚子餓，就從一大箱的泡麵中，抽出一包打發掉。

學科作業不交、期末考試也不去，不知道的人，還以為他休學。因為這個狀況，輔導員來過宿舍幾次，每次K表面上都好好的，第二天又恢復原來的狀態。其間，K因為半夜玩遊戲太大聲，還和另一個室友發生過幾次口角。

所有人勸說都沒用，K沉溺在失戀帶來的痛苦中太久，久到習以為常。後來我們所有人也漸漸習慣，沒人試著再去改變他。

只是每次想到最初認識K時的樣子，和現在相較之下，心裡難免會覺得可惜。曾經的K會因為女朋友為他親手做一份小蛋糕高興很久，他的生活因為這份美好的戀情，充滿幸福的味道。但是現在，陪伴他的只有遊戲裡瘋狂殺戮的英雄與怪獸，生活變得索然無味。

說到K便想到身邊還有一個朋友也有相似的境遇，暫且稱呼那個朋友為W。W是個家境優渥、長得也很帥的男生，大一的時候，還被我們評選為學院的院草。

我和W會認識是因為曾經都在學生會工作過一段時間，那時候的W是個很熱情的男生。不錯的外表，加上友善的性格，讓他在異性當中相當受歡迎，同時追求他的女生有好幾個。

當時跟我關係不錯的一個女同學，一直拜託我幫她追W，我想方設法為兩人創造機會，W的反應卻很冷淡，最後那個朋友只好放棄。有一次聊天，我問他是不是眼光太高，周圍的女生誰都看不上，他搖搖頭，說是因為他心裡一直有一個暗戀的女生。

W和那個女生是高中參加英語輔導班時認識的，那個女生成績很好。當時W努力追求她，但對方一直沒答應，說要是他能跟自己一起考到復旦大學，就答應跟他在一起。

因為這句話，W開始奮發向上，本身成績不錯的他，最後幾次模擬考都考過復旦往年的錄取門檻。然而，最後高考的結果是，W喜歡的女生成功考上復旦，但W卻因為幾分之差沒能如願。

W一直想著要再重讀一年，但父母不同意，他只能放棄這個念頭。但W深知，他依舊放不下對那個女生的喜歡。

後來學生會輪到下一屆，我們都離開學生會。因為分屬不同系，我從那之後很少再與W聯繫。偶爾在宿舍的走廊碰見，會打聲招呼問問近況。

忘記是從哪一個時候開始，很少再看到他。有一次我很晚才回到宿舍，恰好撞見他坐在樓梯上抽菸。昏暗的燈光中，可以看見他那許久沒刮乾淨的鬍子，頭髮也變得很長，衣著邋遢，像個流浪漢。跟他打招呼的時候，能聞見他身上濃厚的酸味和菸味夾雜在一起。彷彿變了一個人似的，他和當初那個帥氣的少年截然不同。菸從口腔中吐出來的那瞬間，他就像個蒼老的中年人。

我不知道他發生什麼事，是否也像K一樣，遇到讓自己難過的事。只是從朋友的口中，聽說他變頹廢的原因，好像是自己喜歡的一個女生脫單了。

和K的狀態也有重疊的地方，那就是W也消失在多數人的生活中，每天宅在寢室裡，不去上課，終日與遊戲廝守，肚子餓就吃泡麵、叫外賣。後來有碰過W很多次，大多是他在走廊裡徘徊，手裡刁著菸，頭髮很長，眼神中全是疲倦，幾乎沒看過笑容。

想到那個畫面，心裡都會感到無奈，可惜的是看著一個人從高處墜入低谷，無奈的是我就近在咫尺，卻無能為力。或許有的時候，掌控人生總歸是件不容易的事吧，那種力不從心的感覺，就像一塊石頭，會將一個人重重壓垮。

記得之前看過一部電影，講述一個輟學在酒吧打工的女生，過著糜爛的生活，每天與酒鬼廝混在一起。夜晚狂歡，白天就拉上窗簾，在自己的小房間裡昏睡。垃圾堆滿房間的角落，有時候點外賣，現金不夠，就幫送外賣的人做一些難以啟齒的事，來抵掉不夠買單的錢。

遠在鄉村的父母，卻一直以為她在認真念大學，每天想像著女兒在大都市裡的生活，全然不知女兒早已離他們幻想的美好畫面越走越遠。

後來，一個男孩出現，改變她的未來。他拉著她領略日出時的美好，帶著她去大學圖書館看漫畫，他幫她辭掉酒吧的工作，又幫她找一份便利商店收銀員的活。

就這樣，姑娘在男生的陪伴下，從過去腐朽的生活中抽離，重新回到校園。影片的結尾，是那個男生對女生的告白，在櫻花樹下淡然而美好，在女孩點頭答應對方的那瞬間，故事戛然而止。

當時看這部電影的時候，想到原來愛情能給一個人帶來的，不僅在於感受到甜蜜相愛的本身，也在於一方給另一方帶來的改變。或許失戀是讓一個人陷入消極的根源，但重新敞開心胸，去擁抱身邊在乎他的人，則是從困頓中走出來的第一步。

我曾有過一個邪惡的想法，認為K或W也許已經從那泥沼般的失戀困境中走出來，只是還未從爛泥般的生活帶給他們的慣性中掙脫出來。這種慣性會像糖果一樣緊黏著，等待一個新的靈魂出現，將他們狠狠切割開來。

轉念一想，那種慣性已經將他們的生活封鎖起來，禁錮到沒有一絲光線可以穿透，又怎麼會有一個人能打開他們的心扉呢？

掌控自己的生活真的是件很難的事情。但我還是渴望某天再次遇見的時候，我可以看見他們的世界裡，窗簾被拉開，柵欄被推倒，陽光能照進來。

36. 異地戀的我們，可不可以不分手

分手那晚，晚睡小姐又看了一遍前男友的朋友圈，沒想到對方已經迅速刪光那幾條關於她的朋友圈。

其實相戀這四年來，晚睡小姐也知道，她幾乎沒有在男朋友的朋友圈出現過，連張合影都沒有。相反的，晚睡小姐的朋友圈裡，卻滿滿都是對方的照片、文字。

這種反差，晚睡小姐身邊的多數人是察覺不到的，所以朋友們還經常羨慕她有一個那麼愛她的男朋友，儘管身處異地，關心卻絲毫沒有因為距離而打折。可是，只有晚睡小姐和她的手機知道一個祕密，在深夜的時候，才能撤下那些佯裝甜蜜的防備。

晚睡小姐跟前男友是在大二認識。她大二的時候去日本參加一次校際交換學生的活動，在鳥取[16]認識同樣來自中國，卻不同城市的他。

16 位於日本本州西部。

男友長得不算太帥，但性格卻很討人喜歡，尤其是逗女孩子開心這種事情上，就連晚睡小姐這種不苟言笑的女孩子，都能被他的幽默打動。兩個人在日本相處的時刻無比開心，也因此喜歡上對方。

半學期的交換生涯結束，兩人變成相隔萬里的異地戀。晚睡小姐在廈門，他在武漢，彼此最快的通勤方式除了飛機，就只剩下手機。

為什麼稱呼她晚睡小姐呢？顧名思義，因為她總是很晚才睡。手機裡的他，是學土木建築工程的，經常要畫圖畫到很晚，有時候甚至通宵都在畫圖。晚睡小姐為了等他說一句溫柔的晚安，常常要等到對方回家。

起初，兩個人還會通電話、視訊，久而久之打開聊天的窗口，你看著我，我看著你，竟相顧無語。

距離逐漸帶給他們陌生和疏遠，讓彼此對於雙方生活的了解越來越少，像是在跟一個機器人談戀愛，找不到那種碰觸到肌膚的質感，更別提心靈上的感動。

這並不算異地戀最考驗人的地方。他們經常會爭執，只因為對方晚回訊息，或是支支吾吾，不願意透露跟誰出去，而時常吵架。晚睡小姐逐漸發現，這些爭吵，使兩個人之間的距離感，已經遠超過廈門到武漢的那幾千公里。

最糟的是，她發現自己在他的生活裡，連一個配角都不算。晚睡小姐也曾問過男朋友，為什麼從來都不願意把自己的照片發到朋友圈，或是把自己介紹給他的朋友，對方的回覆向來都拿異地為擋箭牌。男朋友很會哄人，儘管有這些不開心的時刻，對方三言兩語也總能讓晚睡小姐回心轉意。

這份感情就這樣一直維持到他們大學畢業那年。

那時是秋天，男朋友大學畢業，繼續留在學校讀研究所。晚睡小姐為了不再受異地之苦，放棄一直想要去日本繼續深造的打算，跑去武漢找工作。也就是在那個時候，晚睡小姐發現男朋友和另一個女生有曖昧關係。

原來男朋友一直對外聲稱自己還是單身，背著晚睡小姐在遙遠的異地，和其他女生你來我往。她怎麼樣也想不到，那個在一起快四年的人，竟然會出軌。

晚睡小姐突然覺得自己像個傻子，為了男朋友放棄出國留學，去一個誰也不認識的陌生城市生活，努力想要離這份心儀的愛情更近一步，努力走入愛人的世界，到頭來卻是在演獨角戲。

為了異地戀放棄夢想，看起來令人不解的行為，卻發生在很多人的身上。

看過太多異地戀的故事，有的修成正果，有的各散一方，這份遠距離的辛苦，磨光彼此的耐性，讓安全感一點一點消逝。有時候，卻又可以因為一句甜言蜜語或溫柔的話，重新和好。

其實，不過是因為在這份感情中，你我太孤單、太需要陪伴，對方的一句話、一個小舉動，彷彿填補長久以來流失的存在感。可是，陷入感情中的每個人，哪有不盲目的呢？

後來，晚睡小姐一個人從武漢回到廈門，從此以後，她花費很長的時間來改掉晚睡的毛病，並把她喜歡四年的男孩從手機裡刪除。

從失戀中走出來的她，好像明白一個道理。為不值得的感情犧牲自己的未來，是最愚蠢、最無益的事。這個道理很殘酷，但多數人都會經歷這樣的時刻。

所謂的「畢業季就是分手季」中，有多少人心中的天平傾向愛情，又有多少人選擇放棄愛情？這個天平的傾斜，無非是因為愛情的不確定性，讓多少人不得已選擇離開。

我問過晚睡小姐，會對這段感情感到遺憾嗎？她說不會，這段感情反而讓她成長，她說自己再也不會那麼傻的放棄自己的理想，只為了守在一個人身旁等他來愛自己。但是，她同時也對異地戀感到恐懼，害怕距離讓感情的悲劇重蹈覆轍。

是啊，對異地戀中的戀人而言，有的人只是渴求一份二十四小時的陪伴感，而有的人是真的因為愛對方，所以想盡一切辦法縮短遙遠的距離。渴望陪伴的人隨時可以找到新伴侶，而努力那麼久的人卻難以找回那些彌補不了的時光。

現在的晚睡小姐雖然在畢業後空白一年，但這讓她重新振作起來，每天準備日文考試，朝自己去日本留學的夢想而努力。她常想，假如自己早一點和那個渣男分手，或許現在已經在日本開始新的生活。

但人生就是這樣，你的每次選擇，無論是學業、事業還是愛情，只有你鄭重其事的按下「確定鍵」後，一切的好壞才會展開。

還在為留學夢努力的晚睡小姐，時常會跟我一起討論留學的事，每次看到她為理想而奮鬥的樣子，就覺得她終於找回自己，而不再是為異地戀而委曲求全。

我相信在看到這篇文章的人之中，有一些也正處於異地戀。或許你們之間也會有不信任或爭吵的時刻出現，但仔細回想一下，你們當初在一起的初衷是什麼？究竟是為了一時的陪伴，還是希望能成為對方人生的另一半？

多數時候，看似進入對方的生活，其實不過是為了讓自己感動。你們之間遙遠的距離，往往會讓一些簡單的事蒙上厚厚的紗，想揭開這層紗的人，不能單靠一方的努力，而是要兩個人相向而行，給對方一個堅定的目光。

異地戀的苦，磨光許多人等待的耐心，除了快遞，我再也不會等任何人。但正因為異地戀的砥礪，又讓許多感情變得更加堅硬。為了等到你，我不敢讓手機因為沒電而關機。

好與壞之中，坎坷與幸福之間，都藏著我們對愛的認知，或許有天實在堅持不下去了，好好的問自己一次、問對方一次，再放手也不遲。

但有一點是永遠無法改變的——渴望陪伴的人隨時可以找到新伴侶，而努力那麼久的人，卻難以找回那些彌補不了的時光。

37. 謝謝你的存在，陪我度過艱難的時光

有時真的不得不感嘆這個世界的奇妙，在茫茫人海中，總會遇到一個讓你一眼就注意到的人。

我就是這樣認識咖啡小姐的。

某年暑假還沒結束就提前回學校，去自習室專心複習雅思。那一整棟樓裡的每間教室幾乎都客滿，好不容易找到座位的我，趕緊入座。

那是我第一次見到咖啡小姐，她從學校餐廳買早餐帶到自習室，還有一罐雀巢的速溶咖啡。她經過我座位旁邊的時候，我正好瞥見她袋子裡裝的早餐——一顆荷包蛋、三塊雞塊、一個燒賣。

和我每天喜歡點的早餐一樣，更相似的地方是，每天早上我也會喝一杯咖啡，有時候很匆忙，就會去買一罐速溶咖啡代替。

咖啡小姐就坐在我右後方，用餘光可以剛好看到她。咖啡小姐長相清秀，看書的樣子很認真，偶爾會抬頭看著天花板冥想，時而嘴巴裡會默念一些公式，看她背的那些書，就猜到她是理工女。大概是這驚鴻一瞥帶來的相似與巧合，那段時間我經常會偷偷注意她。

在這間大教室裡，大家幾乎都是在為幾個月後的研究所考試衝刺，每個人的書桌上都堆疊高高的書。很多個瞬間，彷彿回到高三的時候，大家拚了命學習，只為了給自己的未來一個好的解釋。

咖啡小姐也是其中之一，有一次我偷瞄一眼她的高等數學課本，它已經被翻到紙張稀薄發黃，翻開的那兩頁上，寫滿複雜的公式。想必是個厲害的學霸，這就是我對她的第一印象。

自從在自習教室裡找到自己的抗戰陣地後，每天早上都會按時到這裡自習。有很多次早上在趕去教室的路途中偶遇咖啡小姐，她手裡依舊拿著一罐速溶咖啡，穿著人字拖，背著沉重的書包，踏著石階一步一步往上走。

我會故意放慢腳步，在她的身後小心翼翼的注視她。或許這個舉止在外人眼中會覺得很奇怪，但如果每天早上都能遇見她，就會覺得這天很幸福、充滿力量。

那段時間是自己特別迷茫的日子，每天都在為出國留學的事煩惱，整天只學英文這門科目，也讓神經陷入疲乏。

但有時候偷偷回頭，假裝在看教室後面的時鐘，看見咖啡小姐依舊低著頭，奮筆疾書的演算，即便感到疲倦，也會強迫自己打起精神來，伸個懶腰繼續伏下身子學習。

記得有一回，連續兩天沒有看見咖啡小姐來這間教室自習，整個人彷彿失去動力。滿腦子胡思亂想，她會不會是換一間教室？會不會是生病了？甚至猜測是不是要放棄考研究所了？當接下來的一天清晨，看見她又拿著一罐咖啡，出現在餐廳門口的時候，內心便踏實下來。

她的存在是那段時間裡，上天賜予我的禮物。我是一個沒有寄託就會失去鬥志的人，咖啡小姐的出現，某種程度上充當寄託的角色。我也明白，這份寄託之中，似乎也對她產生一些淡淡的好感。

有一天晚上做夢，夢見我考完雅思，她考完研究所，然後我向她表白的場景。

夢境中，甜蜜又緊張，夢醒後，慌張又慶幸。儘管意識到心中這份感情的萌芽，但依舊沒有勇氣表露自己的心聲。於是很多次的決定都被自己一拖再拖，最後歸咎於時間讓一切錯過。我總是這樣，像所有偷偷喜歡著某個人的人一樣。

直到後來的某天，因為臨近開學的時間，這棟大樓門口張貼通知，說是要求同學在星期幾之前離開自習室，把書籍帶走並把教室清理乾淨，這些教室開學後將作為教學使用。看到通知後，我不以為意的回到教室繼續讀書。當讀到脖子痠痛，想要休息一下的時候，一轉頭，卻發現咖啡小姐的桌子已經清空了。

原來，她在晚餐時間，已經把自己的書和資料拿走。那瞬間，心裡一直深根的某樣東西消失了，內心有種空蕩蕩的感覺，我呆呆的看著咖啡小姐原本待的角落，想著在這麼大的校園裡，接下來再也不會見到彼此，便不由自主的嘆了口氣。

藏著茫茫人海的大千世界，不會因為走丟一個人而停止滾動，但那個人的離開，卻足以讓另一個人的心裡，如海嘯般翻騰。原來這就是喜歡上一個人的感覺。

離搬出那棟樓的時間，還有一段日子，但自從咖啡小姐離開後，我也沒有再去了。後來，我跟著朋友打算轉換陣地去圖書館，找一個安靜的位置，繼續奮鬥。

我要自己不去多想，努力把咖啡小姐的模樣，從腦海中抽離，幸運的是，轉移注意力的方法倒是挺管用的。在我漸漸遺忘有這麼一個人的存在時，那所謂的吸引力法則卻又給我一個驚喜。某天，在我讀書讀到想睡覺的時候，抬起頭伸個懶腰，一眼就看到角落裡一個熟悉的背影起身，拿著保溫杯去自習室外的飲水機裝水。

剛開始還不相信那個人就是咖啡小姐的我，淡定的移回視線，但不到幾秒，還是起身走了出去。我也假裝拿著保溫杯去裝水，想看清楚到底是不是她。

在視線交錯的那瞬間，我終於確定，真的是她。彷彿心裡面那棵被颱風刮倒的大樹，又重新找到支撐；彷彿掉落人海的一根針，在急流之中被找到。我開心到連水溢出杯子都沒察覺到。

我知道，這真的是喜歡上一個人的感覺。

咖啡小姐一如往常，每天會帶著一罐速溶咖啡，來圖書館的老位置準時自習，我也一樣。偶爾累了，看到她依舊認真學習，心裡也會蔓延安全感。

我有過那麼一、兩次，想過要不要鼓足勇氣表白，甚至還想像過表白成功後的場景。但轉念一想，卻忽然意識到，我認識咖啡小姐，但她卻不認識我。或許，她連自己的周圍存在過像我這樣的人都不知道。

就這樣，我又陷入自我糾結的境地。想要主動讓她認識自己，又擔心對方會覺得很奇怪。最終，為了不打擾到她努力準備考試的狀態，我還是選擇放棄。

後來的日子，我成功考過雅思，忙著準備留學申請工作需要的資料，有好長一段時間沒有去圖書館自習。那天去老位置找資料，仔細巡視周圍一圈，本來以為還能在那個熟悉的角落看見咖啡小姐的背影，卻發現那個人已經不是她。

連續好幾天駐紮，仍舊沒有再相遇，不知道為什麼，我心裡突然萌生出一個念頭——這次好像真的是告別的時刻，我再也不會遇見她了。在我意識到這點的時候，心裡仍舊有一點遺憾，卻和上次的離開不同。不同的地方就在於，我好像明白時機點對這份感情的意義。

或許咖啡小姐的出現，是一份單純又美好的寄託吧，因為她的存在，我才能充滿力量的奔跑、全力以赴，因為她的存在，讓我迷茫的時刻多一絲絲的心安。在這個時機，我沒有去打擾也正在全力以赴的她，她也沒有留意我的存在，一切都安靜的存在、生長著，沒有破壞任何關於這個世界原本的秩序。

有時候，喜歡一個人有著另一層特別的含義，那便是這個人曾經在某個時刻對你而言，有著與眾不同的意義。我想，在那段疲憊又迷茫的日子裡，咖啡小姐對我而言，就是這樣的意義吧。這份渺小的感情，不需要被知道，也不需要轟轟烈烈，它只是淡淡的存在過，在心底激起過一點點漣漪，那就足夠。

誰說喜歡一個人、暗戀一個人就必須得到結果？在無數個內心裡喊出溫柔告別的時刻，那也是喜歡一個人最好的結果。

在那之後的日子，我開始忙著留學的申請工作，依舊忙得焦頭爛額，但腦海中咖啡小姐所占據的回憶，卻日漸稀薄。

在這個校園裡，我再也沒有遇過那個早餐會買一罐速溶咖啡的女生，她也沒再遇過一個，同樣會在每天清晨買一罐速溶咖啡的我。

或許真的再也不會遇見，或許還會和彼此擦肩。無論如何，都想要好好的說一聲：「謝謝妳的存在，陪我度過那段艱難的光陰。」

38. 在未來的路上，活出自己想要的模樣

有個讀者曾經找過我，她說她已經進入職場兩、三年，工作很普通，薪資也很平易近人，能勉強支撐她在二線城市的生活。但是如果要買房，還是天方夜譚。

她問我像我這樣的年輕人，只要有一技之長，是不是賺錢都很容易？我回答她說，妳問錯人了，我可能是同齡層中最不會賺錢的一位。之所以這樣說，是因為我見識過太多輕鬆就賺得盆滿缽滿的人。你不能說他們不努力，他們也很努力，但是對我這種天生沒生意頭腦的人來說，真的不是同一個級別的。

然後她又問我一個問題，說自己在年輕的時候總是特別焦慮，想要賺很多錢，也試過很多辦法掙錢，但是效果都不好，反倒覺得那些年華被浪費掉了。她問我會不會也有這樣的感覺，那種對金錢的渴望、慾望過度，常使生活變得很吃力。

我聯想到我身邊發生過的真實故事。暫且叫她名牌小姐，因為她對名牌衣、名

牌包、名牌鞋……一切跟名牌有關的東西，都很狂熱。

我跟她是在某個活動認識的，當時我被邀請到外地當嘉賓參加這個活動，她也是其中之一。嘉賓中多數是尖下巴、高鼻梁的網紅臉，只有我們兩個素顏。還好我們都喜歡寫作，所以有不少共同話題。

在聊天的過程中，知道她是一位來自小城鎮的女生，考上北京著名的大學。平常熱愛寫作，從小立志在寫作這條路弄出點名堂來。透過那幾天的相處，我對她的第一印象很好，雖然她很淳樸，但是很有禮貌，與周圍那些網紅簡直天差地別。

在活動的前一晚，我問她的理想是什麼，她在我面前很認真的說，希望將來能寫像錢鍾書的《圍城》這樣一部作品。我清楚記得當時的她，眼裡閃爍著光芒。年輕的時候，我們描述理想的樣子，總是那麼動人，帶著滿腔熱血和熾熱的初心，總是最美的模樣。

我們留下彼此的聯繫方式，加了微信。活動結束之後，還會保持聯繫，偶爾會關心對方的近況，有新作品也會傳給對方看。

有一天她跟我說，她要開始做新媒體了。我看一眼當時被自己遺棄的帳號，對她說加油。憑我對她的了解，只要是她下定決心要做的事，基本上都能得到最好的結果。

事情的發展也沒出乎我的意料之外，她的新媒體事業蒸蒸日上，微信公眾號成為當年的一匹黑馬，她也順理成章成為知名作者。

因為同處一個圈子，她的這種變化，也讓周遭的人對她的評價褒貶不一。有的人視她為奇蹟，可以從新媒體的行業中突出重圍；有的人對她充滿意見，認為她寫的東西稱不上文學。就算身邊的人對她有兩極化的評價，在我眼中，她依舊是個優秀的作家。

然而，就在我固執的認為她沒變的時候，事實卻告訴我，她真的變了。我是從一條採訪新聞中，得知她靠新媒體年收入超過百萬人民幣。雖然是朋友，但從沒有聽過她提到自己靠新媒體獲得多少收入。但當我看到這樣的數字，內心還是會覺得詫異。

曾經跟她聊過關於金錢的話題，她說這個時代的寫作者往往自相矛盾。一方面想追逐偉大理想，厭惡那些為迎合金錢寫出來的作品，另一方面又想要一個富裕的物質環境，能讓自己盡情創作。

對於她能夠取得今天的成績，我心裡也是既羨慕，同時又替她高興。我以為她離自己的夢想更近一步，卻不知道原來跨越這一步，已經讓她變成另一個人。

原先朋友圈裡盡是詩詞歌賦、平淡生活的她，現在每天秀出她的名牌包、名牌衣，一日三餐精緻又奢侈。朋友圈會標註晚餐所在的地方，清一色是高檔餐廳。那些舊的朋友圈，吃到好吃的街邊小吃而發的照片，早已被刪個精光。

她再也沒有主動找我聊過那些理想，反而是有時候我想要找她問事情，都變得小心翼翼。

就這樣，我們之間很少再交談，沒有像從前那樣，聊我們最愛的那本小說聊到三更半夜。關係自然而然也漸行漸遠，疏遠到我已經不知道該如何界定她在我心目中的位置。

直到某一年年底，我因為公司的事要去北京出差，正好趕上她在北京的新書發表會。作為朋友，我當然要去捧場，事先在微信上打了聲招呼，卻遲遲沒有收到回覆。心想，對方應該是忙到沒空回訊息，所以還是到現場。

我坐在觀眾席，看到正前方有個女生滔滔不絕，分享她如何看待寫作這件事。她身後大大的海報上印著她的名字，倘若不是那個名字，我還不敢相信，那個站在我面前的姑娘，就是我多年前認識的那位。

起初以為她是因為會化妝、會打扮，才讓她的五官變得更立體，卻沒想到，原來她是去動手術。那刻，我眼中的她，和多年前那個活動中，一群網紅臉的嘉賓如出一轍。

活動結束後我有去後臺找她，可惜沒有聊幾句，她就離開了，說是要趕下一場活動。她的語氣變得客套，但又保持剛好的距離感，如果是第一次見面的人，會覺得對方很會聊天。

過程中，我看到一個畫面。她的助理不小心弄髒她的大衣，她衝著助理訓斥一句，說這件大衣很貴之類的。助理向她道歉，然後繼續把新書搬過來讓她簽名。她再也沒有多年前帶給我的質樸，變成一個我不熟悉的名牌小姐。

這次短暫的見面後，我和名牌小姐切斷聯繫，不再聊天。唯一得知她近況的方式，除了看她滿是名牌、奢侈品、高檔餐廳的朋友圈，不然就是哪家新聞媒體又報導她的新聞。

講完這個故事，突然覺得我們真的太容易被慾望和金錢改變。換個角度來看，其實我是理解名牌小姐的。同樣是年輕人，都渴望獲得更好的生活，去看更遠的世界，這一切的獲得，勢必離不開物質上的支持。但當有天我們真的得到這些，還會記得理想嗎？或許在未來的某一刻，我們擁有更好的物質條件，還會像當初那樣，心心念念的追逐初衷嗎？

我也會羨慕名牌小姐，在同樣年輕的年紀，已經拿到比別人更多的籌碼，可以嘗遍這個世界的五光十色。然而，在滿足慾望和得到金錢的同時，人總是不知不覺也被改變。一直覺得年輕的生命應當不甘於貧窮，要透過自己的努力去賺錢，但當靈魂一味的被金錢和慾望挾持，人會變得貪婪，多，還要更多。

與其為了買更多的名牌、吃高檔餐廳而拚命賺錢，不如在這個年紀停下來，思考一下除了賺錢，自己真正喜歡的是什麼。

我想對名牌小姐而言，那個真正熱愛的，應該是她曾經念念不忘的文學理想，想要寫出一部偉大的作品。一旦慾望失控，生活必然會讓我們變得更挑剔、刻薄，原本那顆輕薄的心，也會因而焦躁不安。可是擁有足夠的財富，生活就會因此滿足、充滿安全感嗎？

不要太早被慾望淹沒，我知道很難，對每一個行走在鋼鐵叢林裡的年輕人都不容易。但我還是會強迫自己，不要把慾望看得太重，將生活過得充實才重要。

絞盡腦汁為了多賺一點錢的時候，倒不如靜下心來思考，如何在這個年紀寫出一部能詮釋自己的作品、做一些想做的事情。

金錢是賺不完的、慾望是填不滿的，這些永遠填不完的空缺，恰好充斥著我們這個年紀的焦躁與迷茫。不知道何去何從、不知道未來在哪，也不知道自己能不能活出理想中的模樣。

這些問題的答案，不是要賺更多錢、過得比別人富有，或是穿別人穿不起的名牌就能得到的，而是要靠著年輕時候的熱血和理想主義，才能看得更清楚。

我知道賺錢很辛苦，我也知道有錢的生活會自在一些。但我不想在年老以後，回憶起內心那個一貧如洗、充滿理想的人，卻發現他早已死在曾經。

那女孩，我依舊記得她的理想、單純，說話時眼裡閃閃發光。

國家圖書館出版品預行編目(CIP)資料

最壞的結局不過是大器晚成：「比進度」是人生的最大錯誤。努力後，屬於你的，都會準時到達，只是每個人的準時不一樣。／王宇昆著. -- 初版. -- 臺北市：大是文化，2020.10
256 面；14.8×21 公分. --（Think；202）
ISBN 978-986-5548-03-2（平裝）

1. 修身

192.1 109009972

Think 202

最壞的結局不過是大器晚成

「比進度」是人生的最大錯誤。努力後，屬於你的，
都會準時到達，只是每個人的準時不一樣。

作　　者／王宇昆
責任編輯／郭亮均
校對編輯／林盈廷
美術編輯／張皓婷
副 主 編／馬祥芬
副總編輯／顏惠君
總 編 輯／吳依瑋
發 行 人／徐仲秋
會　　計／許鳳雪、陳嬅娟
版權經理／郝麗珍
行銷企劃／徐千晴、周以婷
業務助理／王德渝
業務專員／馬絮盈、留婉茹
業務經理／林裕安
總 經 理／陳絜吾

出 版 者／大是文化有限公司
臺北市 100 衡陽路 7 號 8 樓
編輯部電話：（02）23757911
購書相關資訊請洽：（02）23757911 分機122
24小時讀者服務傳真：（02）23756999
讀者服務E-mail：haom@ms28.hinet.net
郵政劃撥帳號／19983366　戶名／大是文化有限公司

法律顧問／永然聯合法律事務所
香港發行／豐達出版發行有限公司 “Rich Publishing & Distribution Ltd”
香港柴灣永泰道 70 號柴灣工業城第 2 期 1805 室
Unit 1805, Ph. 2, Chai Wan Ind City, 70 Wing Tai Rd, Chai Wan, Hong Kong
電話：21726513　傳真：21724355
E-mail：cary@subseasy.com.hk

封面設計／林雯瑛
內頁排版／顏麟驊
印　　刷／緯峰印刷股份有限公司

出版日期／2020 年 10 月初版
定　　價／新臺幣 340 元（缺頁或裝訂錯誤的書，請寄回更換）
I S B N　978-986-5548-03-2